だって
賢くならない
んだから

60歳からは勉強するのをやめなさい

和田秀樹
Hideki Wada

SB Creative

はじめに――「知の巨人」が語った「中高年以降は勉強するな」の真意

「勉強が趣味だ」という人もいないわけではないのでしょうが、勉強というのは基本的に目的があってするものです。大学受験の勉強というのは大学に受かるためにするものですし、資格試験の勉強は資格を取るためにするものです。あるいは、職業のスキルアップのためにする勉強もあるでしょう。

ただ、人生100年と言われる時代になると、「もっと自分を充実させたい」「定年後も自分を輝かせたい」「人から賢い人、面白い人と言われたい」というふうに、目的が変わることが往々にしてあります。

そういう場合、「人と同じ知識をもっている」「人と同じことを言う」「相手に伝える際、説得力がない」というのなら、あまり賢いとも面白いとも思われないでしょう。

これまでの時代なら、人の知らない知識をもっていれば、それだけで賢い人とかもの知りと言われました。しかし、もうこれからは、それをひけらかしたところで、目の前でスマホをいじられれば、もっといろいろな知識が出てくるので、別にその話を聞かなくてもいいやということになりかねません。

わたしはゆとり教育の反対論者で、基礎学力や基礎知識は重要だという考え方をもっています。いまの中高年であれば、日本人の中学生までの学力が世界で1、2を争っていた世代ですし、大学受験も一学年の人数が多いうえに、定員も少なかったので、はるかにハードでした。つまり、基礎学力や基礎知識は十分身についていると言えます。そのうえ、長い人生経験も積み、その後の知識も十分加わっています。

だから、むしろ新しい知識を詰め込むより、それをどう活用するかのほうが重要なテーマだと考えています。『嫌われる勇気』（岸見一郎・古賀史健著、ダイヤモンド社）で人気を博したアドラーの心理学は、フロイトの学説がもって生まれたものやこれまでの養育体験で植え込まれたものを重視する「所有の心理学」とすれば、それをどう使うかの「使用の心理学」と言われています。

今回の本は、もともとは故外山滋比古先生と対談した際に、「中高年以降は勉強するな」と言われたことがきっかけになっています。「新しいことを詰め込むより、仲間をつくって、自分の考えを発表し、自分の思考を練り上げていくことが大切だ」という外山先生の発言は、わたしの人生に大きな影響を与えました。

その後、本を読む、とくに書かれていたことを一生懸命覚える、あるいは、問題集を解くというものとは違った、これまでの知識をどう生かし、思考をどう発展させるかについて考えてきたものをまとめたのが本書です。

もの知りと頭のいい人は違うということで詰め込み教育が否定されてきたり、受験教育が否定されてきたわりには、日本では大学に入って以降もあまり頭を使う教育がなされず、その習慣がない人が多いようです。

本書はそういう人に生き方や考え方のヒントになると信じていますし、これを通じて、話が面白い人、頭がいいと言われる人に変身できるのではないかと思っています。

ついでに、わたしが専門とする老年精神医学の立場からすると、脳の、とくに後で説明する前頭葉の老化予防、つまりはボケを軽くし、うつ病の予防になるはずだとも。

賢く面白い人に変身すると、みんなに好かれ、居場所もできて、何かのきっかけでお金も稼げるかもしれない。さらには本書で紹介するアウトプット術により、記憶も定着する。

人生後半の幸福は、勉強により新たな知識を増やすのではなく、これまで培ったあなたの〝知〟をいかに〝活用するか〟で決まると言っても過言ではありません。

本書が少しでもそのお役に立てれば幸いです。

2024年6月

和田秀樹

60歳からは勉強するのをやめなさい ◎ もくじ

序章 「60歳からは勉強するのをやめなさい」

第1章

60歳からは無理なインプットより、ラクして楽しいアウトプット

第2章
60歳からは気分よく賢くなる！ラクして楽しい「らくらく学習」

第3章
人生後半を豊かにする！ 自由で柔軟な「のびのび思考」

第4章　人生後半の世界が広がる！人とつながる「アウトプット術」

第5章 60歳から脳が若返る！ 前頭葉が喜ぶ「ときめき習慣」

序　章

「60歳からは勉強するのをやめなさい」

◉老年期を豊かにする力は、すでにあなたの中にある

先日、わたしよりいくらか年下の編集者の方たちと話をしていたときのこと。ある男性がこんなことを言っていました。

「自分の知り合いにあと数年で定年になる男性がいるんですけど、『定年後のことなんてはっきりとは考えていないけど、朝起きてご飯食べて新聞読んだら、もうすることなくなっちゃうよなぁ。人生100年時代なのに、いったいどうすればいいんだ』って嘆くんですよね」

わたしはもちろんその会話の場の様子を知りませんから、もしかしたらこの知人男性も笑いを誘おうと、多少面白おかしく自分の胸中を言葉にしたのかもしれません。あるいはもっともストレートに、そのときの気持ちを表現したものかもしれません。いずれにしても、どうにかしなくては、何かしなくてはという焦りのようなものが相当にあるのはたしかでしょう。

当然、この知人男性も定年後について、まったく何も考えていないというわけではないでしょうし、無策の状態でこれから先数十年を生き抜けるとも思ってはいないでしょう。いまこの本を手に取られたみなさんも、今後の生き方――とくに60代以降の生き方について、程度の差こそあれ何らかの不安を感じているはずです。

それにしても、「人生100年時代」。

ここ数年来、さまざまなメディアで急激に取り上げられるようになった言葉です。とくに2016年にリンダ・グラットン、アンドリュー・スコット共著『LIFE SHIFT　100年時代の人生戦略』（東洋経済新報社）が刊行され注目を浴びたことによって、より多くの方が「人生100年」の重みを意識するようになりました。

さて日本では、この言葉が浸透する以前より少子高齢化が進み続けています。少し数字を見てみましょうか。

わが国で出生数の減少が始まったのが1974年。これに対し、高齢化率を示す65歳以上の人口は1970年代以降増加し始め、1994年には高齢社会の定義である

14％を突破。そして２０２３年には29・１％（内訳は前期高齢者＝65〜74歳13・０％、後期高齢者＝75歳以上16・１％）となりました（総務省統計局）。先進国の中でもその進展時期は早く、スピードも突出しています。

では寿命のほうはどうでしょうか。２０２３年に発表された令和４年簡易生命表（厚生労働省）では、男性81・05歳、女性87・09歳。これはこの年に生まれた０歳児の平均余命です。

もう少し読者のみなさんに沿った数字で見ていくと、50歳男性の平均余命は32・51年、65歳男性は19・44年、80歳男性は８・89年、90歳男性は４・14年となります。ちなみに女性は順に、38・16年、24・30年、11・74年、５・47年です。

一般に平均寿命と言われる０歳児平均余命より、いっそう身に迫る数字だということを感じていただけると思います。

さて、人生１００年時代。どう生きましょうか。

各年齢の平均余命を見てもわかるとおり、仮に人生１００年とすれば定年後40年の時間を生きることになります。いま20歳の青年が60歳になるまでですから、40年というのは**本当に長い歳月**です。現在60歳の人が自分が成人した頃を思うと、はるか遠い昔のことという感慨をおもちになるでしょう。

そして、振り返ってみればその時期から現在に至るまでには、人生のなかでもとくに密度が濃い、多様な経験をいくつも積んできているはずです。質・量ともに莫大な時間であったことをあらためて思い知らされます。

わたしたちが迎える老年期とは、ほぼこれに近い時間を生きるということ。そして**老年期を豊かにする力は、すでにあなたの中に十分にある**ということを忘れないでほしいのです。

◉自分の強みや取柄を手がかりに人生の可能性を広げる

これまでわたしたち日本人にとって、定年後の時間はこれほどまで長くなく、文字どおりの「余生」でしたから、日々平穏に過ごしていければそれでよし。定年後をどう生きるかについて、さほど深刻に考える必要もありませんでした。しかし、わたしたちの生きるこの時代は違います。

こうした長い定年後の生き方をおおまかに捉えると、ふたつのタイプに分けることができます。

①人生リセット型

これまでの自分の経験と切り離して、とにかく新しいことにチャレンジする。自分にとって新しい分野の勉強を始める。

②リソース活用型

これまでの人生で自分が蓄積してきた知識・経験などのリソースを最大限に生かす。

このふたつは、生き方としてどちらかが正しく、どちらかが間違いというわけではありません。どちらもありと考えてかまいません。

①のタイプに特徴的なのは、これまで個人が培ってきた経験や知識といったリソー

スとの連続性があまり意識されていないという点です。

「定年を迎えたら、これまでの会社人間の生き方とは一線を画し新しい自分になりたい」という願望や、「現役時代の束縛感や閉塞感から自由になりたい」という反動が背景にある場合に、このような選択をすることもあるでしょう。現役時代は現役時代、定年後の余生は余生という区切り方をする人にはよくあるパターンです。人生リセット型と言うこともできるでしょう。

人生リセット型の場合は、新しく出合ったものがマッチしていればラッキーです。しかし、やってみたものの興味が湧かない、面白さがわからない、続かない……となると、またほかの何かを見つけなければいけない……。そして、それがダメならまた次へ……。

意欲あふれる年代ならそれも可能でしょう。しかし、これは生物学的にも明らかなことですが、40代50代にもなると、とくに男性は、前頭葉の萎縮と男性ホルモンの分泌量低下にともなって、通常は意欲低下が目立っていきます（詳しくは第5章で説明します）。こうなると、次第に新しいもの探しが億劫になり、当初目論んでいた定年後の新しい生き方を実現するのが困難になります。

これに対し、**わたしが最近とくに重視しているのが②の「自分のリソースを最大限活用する生き方」であり、これこそがタイトルにもなっている「60歳からは勉強するのをやめさせない」の大事なポイント**です。

日本人にとって勉強とは、「新しい知識を注入し、知識の貯蔵量を増やすこと」という固定観念があります。

ですから、定年後に「何か勉強でもしようか」と考えたとき、これまで手つかずだった分野の本に手を伸ばすとか、いわゆる資格マニア的な勉強をするということはよくあることです。

新しい知識を欲することは決して悪いことではありませんが、つねに「自分は知識の不足状態にある」という思いにばかりとらわれているということはないでしょうか。ここに多くの人が見逃している重要なポイントがあるのです。

日本は明治維新以降、欧米列強に何とか追いつかなければいけない国、キャッチアップの国でした。そうした背景もあって、知識を取り入れることが勉強の第一義とされ、教育制度にも反映されてきました。日本型詰め込み教育の影響はみなさんも受けているでしょう。そこまでして詰め込んだ知識は基礎学力として大変重要ですが、いったいどこで使っているのでしょうか。

わたしが思うに、**人生50年60年を生きてくるなかで、社会人になるまでに身につけた基礎学力、現役社会人として蓄積した知識や経験は、じつは膨大な量になるはずです。そのなかに必ずその人ならではの強みや取り柄がある**のです。

知識の習得重視という旧来型の勉強に走る前に、自身の豊富なリソースをいかに活用していくかを考える。

自分の取り柄を手がかりに、どのように人生の可能性を広げていくかを考える。

この点に着目し、これからの生き方を見出してほしいのです。

●自分の強みを最大限生かす生き方の好例

自分の強みやリソースを最大限生かす生き方の実践者をここで取り上げてみましょ

う。

ひとつめの例は、わたしがかつて教鞭を執っていた国際医療福祉大学大学院医療福祉学研究科臨床心理学専攻の社会人学生についてです。

この大学院は東京・青山（2018年度から赤坂に移転）という地の利と、出身大学の学部を問わない（一般的に心理の大学院は、学部でも心理を学んでいることが要求されることが多い）ために、大学の新卒学生だけでなく、さまざまな社会人が合格して、入学してきます。そして、毎年定年後の学生も数人入学してきます。ここで学ぶと、公益財団法人日本臨床心理士資格認定協会が実施する臨床心理士資格試験の受験資格を得ることができます（臨床心理士養成大学院認証制度）。

ある社会人学生は、現役時代に社員のメンタルヘルス問題にかかわった経験を生かし、さらに専門教育を受け、資格取得後はこの分野で役に立ちたいという強い希望を語っていました。

臨床心理士は、教育（教育機関、教育相談機関など）、医療・保健（医療機関、精神保健福祉センター、自治体保健センター、リハビリテーションセンターなど）、福祉（療育施設、児童相談所、障害者福祉センターなど）、司法・矯正（裁判所、刑務所、鑑別所、児童自立支援施設、警察関係機関など）をはじめとする幅広い活動分野をもつ専門職ですから、現役時代の経験をふまえて活躍できる職業と言えるでしょう。さらに言うと、いくつかの条件を満たせば、この大学院の卒業生は、初めてできた心理の国家資格である公認心理師の受験資格も得られます。

ふたつめの例は歴史のなかから取り上げましょう。それが江戸時代中期の測量家として高名な伊能忠敬《いのうただたか》（1745～1818）です。

現在の千葉県山武郡《さんぶぐん》に生まれた忠敬は、17歳のときに佐原（現・千葉県香取市）の伊能家の婿養子となります。以来、酒造業、米穀取引などによって没落しかけていた名家復興に努め、50歳で隠居し江戸に向かいます。

忠敬は江戸・深川（現・東京都江東区）に居を定め、20歳近くも年下の高橋至時《たかはしよしとき》の門下となり、天文学を学び始めます。学びの目的は、当時、緯度1度の里程数（距離）が定まっておらず、正確な暦がつくれなかったため、天文学を究めてこれを明らかにしたいというものでした。

はじめは江戸での測量をもとに明らかにしようと考えましたが、里程数を求めるにはあまりにも測量距離が短いため、蝦夷地南東沿岸の測量に変更し幕府から許可を得ます。

蝦夷地測量はやがて全国測量へと発展し、１８００年から16年をかけて４万３７０８㎞を踏破。緯度１度＝１１０・75㎞（28里2分）という数字を割り出した、というのが彼の後半生の生き方と業績です。

そもそも、忠敬はなぜ天文学を志したのか。

隠居後に高橋門下に入ったのは、前半生と何の脈絡もない突発的な思いつきではありません。忠敬は現役時代から数学、暦学、地理、天文学に強い関心をもち、独学を続けていました。そうした下地があったからこそ、あの偉業を成し遂げられたのです。彼もまた長年培った自らのリソースを活用し、さらにバージョンアップを加えて生ききった好例と言えるでしょう。

それにしても、**50歳から73歳までという、当時としては非常に長い隠居期間を生き**

た忠敬からは、「人生100年時代」に向けて、何か勇気とヒントをもらえるような気がしませんか。

●アウトプットこそ中高年に本当に必要な生き方

これまでお話ししてきたように、わたしは中高年期以降とくに重要なのは、知識のインプット＝旧来型の知識注入型勉強法ではなく、リソースの活用だと考えてきました。

ここにさらにつけ加えたいのが、「知識・経験・思考のアウトプット」です。この「リソースの活用とアウトプットを通じて実現される頭の鍛え方と使い方」こそが、「60歳からは勉強するのをやめなさい」の真意です。

この考えを強く意識するようになったのは、2011年に『文藝春秋』誌上で行われた故外山滋比古先生との対談がきっかけです。「人生再設計のすすめ」という特集内、「定年後の勉強に必要ない記憶力」と銘打った対談のなかで、先生はこんなことをおっしゃっていました。

「受験勉強のように目標のあるものは励みやすいが、机上の知識よりも、その先に何をするかこそが知的生活」

「子どもが文字を覚えるならいざ知らず、いま頃になって知識をインプットしてもそんなに楽しいものではない」

「恥ずかしがらずに自分の考えを出せばいい。自分の考えをしゃべるときには、知識を記憶するときとは違った頭の使い方が必要になる」

「本を読むこともいいけれど、なるべく違う職種や専門の人と集まって仲間をつくって、とにかくしゃべる」

「自分は20年ほど前からそういうグループを複数つくっている。そこでは、ふだん思いつかなかったような発想が出てきて刺激的」

「ふだんのニュースや生活のなかから、人に聞かせたくなるような新しいことを考える。それをおしゃべりに生かす」

「文字のほうが優れていると思いがちだが、話し言葉のほうが刺激的。相手の反応がある。人に聞いてもらえるように話すことで頭を使う」
「自分の経験から新しい知恵を生み出し、いやな目に遭ったらぱっと忘れて前を向く。
こうして脳の新陳代謝を活発にする」

（『文藝春秋』２０１１年6月号より抜粋要約）

まさにこれだと思いました。対談当時、先生は90歳を目前に控えていましたが、非常にフレッシュかつしなやかな感性で、中高年期以降の生き方、そして勉強法を捉えていらっしゃいました。先生ご自身がアウトプットを重視した生き方をとても楽しんでいらっしゃる様子に感銘を受けたものです。

その席で先生は「**50歳とかいい歳を過ぎたら、勉強なんてしてはいけない**」とまで言いきっていました。この言葉だけ見ると極論のように感じますが、要は「**ある年齢を過ぎたら、とにかくアウトプットのほうを心がけるべき**」「**書斎にこもるのではなく、積極的に人と議論を楽しむべき**」というのが先生の主張です。

つまり、中高年になって定年後の生き方を意識するようになったら、学びの定義を変えたほうがよいということです。

また、脳科学の見地から言っても、学生時代から長年染みついてきた「知識注入型こそ勉強だ」という考えに固執していても、あまり前頭葉という脳の大切な部分の活性化の足しにはならないのです。脳にとってアウトプット型へのシフトがなぜ重要であるかは、主に第5章で取り上げたいと思います。

●AI時代は柔軟な思考力のある人が生きやすい

昨今はAI時代到来にともなう社会変化について、さまざまなところで論じられています。よく取り上げられているのが、2045年にAIのシンギュラリティが起こるという予測です。

これは、アメリカのレイ・カーツワイルが自著『シンギュラリティは近い』（NHK出版）で述べていることですが、将来的にはコンピュータ技術が、全人類の知能を超える情報処理能力をもつようになると言われています。

　また、最近ではＡＩの進展により大量失業時代が到来とも言われています。それに関連してＡＩ時代に消える職業・生き残る職業を取り上げた記事も多く目にします。そして２０３０年には汎用ＡＩの登場により第４次産業革命とも言うべき変化が起こり、産業構造が大転換する——これが、いま現在示されているおおよそのシナリオです。

　本書の読者のみなさんがその頃、まだ現役ではたらいているのか、それとも定年を迎え次のステージを歩み始めているのかはわかりませんが、予測できないような変化の時代に対する不安感を現時点で抱く方も多いでしょう。しかし、どのような叡智を集めてみたところで、社会変化が個人にどのようなメリット・デメリットをもたらすのか、実際そのときが来なければ誰にもわかりません。

　少なくともわたしに言えることは、「新時代の不安と言っても世の中なるようにしかならない。ただ、変化が起きたときに、それに適応するために不可欠な柔軟な思考力があるかどうかということと、変化に直面したときフレキシブルに対応できるように、日頃から考えるクセを身につけているかどうかが重要である」ということです。

ですから、勉強法にしても思考法にしても、過去の形に縋りついてしまったり、あるいは完全に過去のものとなった自分の業績を拠りどころとし、自己満足していたりするようでは、新しい変化に対応することは難しいと言えるでしょう。

もともと勉強の目的が、何かの資格を取るとか、どこそこの大学に入るといった、コンプリートな目的の人が多いのがこの国の特徴です。

そのため、所期の目的を達成してしまうと、自分がいかにも賢くなったような錯覚に陥って思考力を鈍らせ、そこから先のバージョンアップを怠るケースが多々見受けられます。それはたとえ東京大学を卒業した人であっても同じですし、東大を含め有名大学教授の肩書を得てから先、何の努力もしないで居座り続けるという人も同じです。実際、一流とされる大学の教授を名乗っていながら、過去の学説をただ繰り返しているだけで何の進歩もない人や、論文をまったく書かないお粗末な人をわたしは何人も知っています。過去に得た学歴・職歴・肩書をアイデンティティとし、ふんぞり返って自慢している時点で、もうその人は終わっているのです。

そうではなく、**たとえ80歳の老人であっても、「生きている限り昨日より今日、今日**

より明日のほうが賢く頭を使えるようになる」ことにこそ、意味があるとわたしは思うのです。

◉60歳からは「強《し》いて勉《つと》める学び」から「ラクして楽しい学び」へ

これまでわたしは、多くの著書を発表してきました。そのなかでも「和田式受験勉強法」として知られている受験生向け勉強法や社会人向け勉強法など、方法論を説く勉強法関連の書籍は、執筆分野のなかで大きな柱になっています。

社会人向け勉強法に関しては、2000年に刊行し、ベストセラーとなった『大人のための勉強法』(PHP研究所)を皮切りに、『40歳から何をどう勉強するか』(講談社)、『大人のための試験に合格する法』(日本経済新聞出版)、『「図解」大人のスキマ時間勉強法 速く、楽しく、勉強を続けるテクニック』(PHP研究所)、『定年後の勉強法』(筑摩書房)、『五〇歳からの勉強法』(ディスカヴァー・トゥエンティワン)など、20年近く新刊を出し続けてきました。

この20年の間でさえ、社会人がどのような目的をもち、どのような勉強法を知りたがっているのかはかなり変化しています。

２０００年代初めは、競争社会に対応するために必要なスキルアップやキャリア形成、あるいは収入アップにつながる資格取得を実現するための勉強法が多く求められました。これらは定められた期間内でコンプリートな目的を達成し、ビジネスマンとして成果を出すためのインプット型勉強法とも言えるものです。

しかし、いまわたしたちが直面し、いよいよ「自分ごと」として考えなければならなくなった「人生１００年時代」においては、新しい学びを実践する生き方が重要になってきていることを痛感します。

それは、現役社会人時代に身につけた、ビジネス成果を出すための勉強法ではありません。昇格・昇給・合格といった果実がぶら下がる、他者が設定したゴールラインをクリアするための勉強ではありません。どうやら**老年期を迎える前のいまこの時期に、生き方を含めた発想転換が必要**なようです。

本書はこの点を重視し、読者のみなさんと勉強ではない「ラクして楽しい学び」を共有していきたいと思います。勉強とは、「強《し》いて勉《つと》める」もの。中高年からは、この概念から自分を解放しましょう。この思いは、「読者のみなさんのこれからの人生がよりいっそう充実した幸せなものであってほしい」、そして何よりも「後悔なく生ききってほしい」という、わたしの強い願いから来ています。

ぜひ、**「昨日より今日、今日より明日」がより楽しい時間になるために、「強いて勉める学び」ではなく、「ラクして楽しい学びへ」と発想も生き方も転換しましょう。**

第 1 章

60歳からは無理なインプットより、ラクして楽しいアウトプット

◉「ものを知る」だけでは、頭はよくならない

締切の迫った仕事もなく、今晩は少しゆっくりできるかなと思ってテレビをつけると、「……。またやってんのか……」。

その晩のテレビも、視聴率がラクに稼げてお茶の間でも大人気のもの知りクイズ番組を流していました。いやな番組でも、とりあえず見てからものを言おうという主義のわたしは、こうしてしばらくは番組を観察。しかし、結局ため息をついてスイッチを切ることになります。

それにしても、この国ではもの知りであることがことさら尊ばれるという傾向がとても強く、「もの知り＝頭がよい」という、じつに短絡的な評価をたやすく得ることができる仕組みになっています。

もの知りクイズチャンピオンになったタレントや芸人は、それだけで人気者になりクイズ番組の常連の座を勝ち取ります。しかし、わたしに言わせれば、これっぽっち

もすごいことではなく、なぜそこまで称賛を集めるのかが理解できません。

たとえば芸人でクイズチャンピオンという人がいますが、たしかにものは知っているのでしょうが、肝心の本業の漫才がちっとも面白くない。つまり知識量はチャンピオンになるくらいあるのに、知識の加工能力がきわめて低いため、芸に生かすことができず伸びていかないわけです。

知識の加工能力がないという時点で、わたしなどは「ものは知っていても、頭悪いな、この人」と失礼ながら感じてしまうのです。この手のタイプは、「学歴をはじめとして高いスペックと知識をもっているのに、何か残念だな」という印象を人に与えます。

しかし、なぜこのようなもの知り礼賛現象が起きてしまうのでしょうか。先に例に挙げた芸人も、言ってみれば「すごいもの知り」ではなく「単なるもの知り」にすぎません。「もの知り業」という職業があるのであれば成立するのかもしれませんが。

しかし、**現実の世界では、もの知りになることを究極の目的にしたところで、それはまったく性能の悪いスマホにさえなれない**というレベルの話になってしまうわけです。

ＡＩのシンギュラリティにどう対応するかが論じられているこの時代に、ある知識をひけらかしたところで、すぐに相手にそれ以上の内容の知識をスマホで検索されてしまうわけです。つまり、こうなると知識の獲得だけを目的にすることには意味がないということになります。

知識を百科事典や耳学問で地道に増やしていかなければならなかった昔なら、一定レベル以上の知識をもっていれば、「へぇすごい」という話になったでしょう。しかしこれからは、

知識量の多さは頭のよさを保証しない。
知識量の多さだけでは優位性は保てなくなる。

この点はきちんと押さえておくべきでしょう。

わたしたちに必要なのは、知識をふまえて、どのように「自分独自のものの見方、考え方を展開できるか」、つまり「知識を思考の材料としてどう活用できるか」、そのことに尽きるのです。

もの知り礼賛のこの国では、それでもクイズチャンピオンを称え続けるのかもしれません。クイズ番組をよく見るという人と話したとき、彼女は「知識系クイズ番組を見ると知識に結びつくから、頭がよくなると思う。子どもの勉強にもよい」と言っていました。

しかし、**残念ながらもの知りクイズをいくら見たところで、頭はよくなりません。一瞬「へぇそうなのか!?」と感心して、知識を生かすこともなく忘却してしまうのがオチなのです。**

●正しいとされる知識・学説はつねに書き換えられるもの

知識の多さを賢さの証しとして称賛しがちなこの国では、同様に常識（定説）、理論・学説などについても、何ひとつ疑うことなく、絶対的真理として信奉してしまう傾向がしばしば見られます。

しかし、そもそもある時代に支持されている知識や常識、理論・学説などは、これを下支えする前提条件が変われば、当たり前のことですがその都度、書き換えられていくものなのです。

たとえば20世紀の医学は「人体構造はみな同じである」という前提条件のもと、個体差を考慮しない医療が当たり前でした。ですから、ある疾患に対しては、どの患者にも同一の治療を施すということが行われていたわけです。

しかし、同じ治療をしても、ある患者には効果が見られるが、ある患者には効果が出ないという奏効率の差が問題になってきます。これが「人体構造はみな同じである」という20世紀型前提条件の限界でした。

こうしたことから、近年では「人体構造には個体差がある」という前提条件に変わってきています。今世紀に入ってから遺伝子のゲノム解析が飛躍的に進み、診断・治療法の研究開発も加速度的に進展しています。

たとえば、個体差に応じた「個別化医療（ＰＨＣ＝Personalised Healthcare）」の研究が進んでいます。これはある疾患に対して投薬治療を行う前に、コンパニオン診断薬を用いて、副作用が出やすい体質なのかそうでないのかを調べ、副作用が出にくい体質の患者に対して治療薬を投与するというものです。

あるいは、がん治療においては、疾患関連遺伝子の解析情報に基づき、より的確な効果を出しやすい分子標的薬の開発なども急速に進められています。

これを見てもわかるように、いわゆる知識と言われるものは、「とりあえずいまの時代のこの状況では、こう考えられていますよ」ということにすぎず、つねに新しいものに入れ替わっていく。それは不変ではないし、未来永劫にわたって適応可能というわけではないのです。

ですから、いまわたしたちが生きる時代に正しい知識、正しい学説と思われているものも、数年後、数十年後には、「かつてはこんな信じられないような学説が幅を利かせていたんですよ」と面白おかしくテレビで取り上げられるのかもしれません。

医学の世界で言えば、現在、健康常識として信じられている説も、じつは20世紀型前提条件の影響下でつくられたものが、ほとんどと言っていい形でまかりとおっているのも事実です。いまはまだ多くの支持者を集める説であっても、数年後にはまったくの間違いだったと判明することがないとは言いきれません。どんな高名な権威が提唱する説であっても、それがその分野の最終回答ではないということです。

例を挙げれば、コレステロールや血圧の正常値も……。

わたしたちに必要なのは、「知識や常識、理論・学説などは、あくまでも暫定的なもので、じつは時代とともにコロコロと変わっていく」ということを、しっかり認識してつき合っていくという姿勢です。

◉「ああ、そうだったのか!」で納得していませんか?

日本では大卒のような学歴のある人でも、ある説に触れたとき、なぜ簡単に「ああ、そうだったのか」と納得しておしまいにしてしまうのか、わたしはとても不思議に感じます。たとえばお茶の間で人気を誇るジャーナリストの池上彰さんの番組を見て、番組のタイトルどおり「ああ、そうだったのか⁉」と大いに納得して満足してしまう日本人は、非常に多いと思います。

しかし、わたしが1990年代前半に留学して以来、精神分析を学ぶためにずっと行き来をしているアメリカではそうではありません。ある説を聞いたとき、「ああ、そうだったのか⁉」的な納得の仕方をするのは、初等中等教育（小学校・中学校・高等学校に相当）レベルの人間とみなされ、知的な人物ではないと判断されます。

日本と違って、高等教育（大学・大学院に相当）以上のレベルの人たちは、「ほかの見方もあるのではないか」「その説が絶対とは限らない」「それはこういう理由で違うと思う」「別の条件下では成立しない」というように、自らの頭で思考するのが当たり前です。そのうえで議論し意見を交え合うという場面に何度も遭遇し、日米の差に愕然としたものです。

池上彰さんはわたしも好感をもっているジャーナリストです。池上さんご自身は、難解な世界情勢を、少しでも多くの方に身近な問題として捉えてもらうため、いかにわかりやすく伝えるかに腐心されています。「情報をそのまま鵜呑みにして納得してはいけない」というようなことをおっしゃっているのを聞いたことがありますが、おそらく池上さんご自身は、視聴者や読者には「複眼的に世界を捉えてほしい」と願っているのだと、勝手ながら想像します。

しかし、ここが残念なところですが、多くの池上さんファンはその肝心の忠告や願いを受け止めることなく、毎回「そうだったのか」とつぶやくわけです。ちょっとものの知りになった気分になる快感があるのかもしれません。本来は、「ああ、そうだったのか」のその先、思考の段階に結びつけてこそ、池上さんの番組の存在価値があるはずなのに。

日本人を見ていると、どうも「こんなことも知らないのは恥だ」と感じやすい傾向があるように思います。「これはこういうことですよ」と懇切丁寧に教えてくれる番組が高い視聴率を誇り、「知らないと恥ずかしいですよ」と読者をあおる知識伝授系書籍が非常によく売れる理由もここにあるでしょう。

知識を仕入れたらそれで一丁上がりという国民性、もの知りクイズチャンピオンを礼賛したがる国民性、「この人が言っていることなら間違いなし。そのまま信じていいだろう」と、いとも簡単に信じてしまう国民性——これが現実です。

知識をまったくもたない無知は、思考の材料をもたないという点で問題ですが、「知識をもっていれば、及第点をクリアしたことになる」と呑気に考えているとしたら、それこそとても残念で愚かなことだと思います。

そして何よりもこれからの時代は、思考力の欠如した知識依存型の人には生きづらくなることは必至です。**AI時代がさらに進めば、「もの知り自慢の使い方知らず」の価値が暴落するのは、火を見るより明らか**だからです。

◉知識を使い、知識を疑うことで、頭はよくなる

日米で知識に対するスタンスの取り方にこれほどまで差が出るのには、リテラシーの重要性に関する認識の度合いが、大きく隔たっていることが要因となっています。

最近では一般的に使われるようになったリテラシーという言葉。しかし、その中身についての理解は、この国ではまだまだ低いと言わざるを得ません。少し辞書をひきながら語義を見てみましょう。

1　読み書き能力。また、与えられた材料から必要な情報を引き出し、活用する能力。応用力。
2　特定の分野に関する知識や、活用する能力。「コンピューターリテラシー」「情報リテラシー」

（『デジタル大辞泉』）

1　読み書きの能力。識字率。教養があること。堪能なこと。
2　【ＩＴ関連用語】情報やコンピューターを扱う能力。

（『imidas 2018』）

おおよその辞書・事典にも、このように「読み書き能力プラス情報を引き出し活用する能力を指す」と書かれています。

ですから、メディアリテラシー、ネットリテラシー、金融リテラシー、環境リテラシー、グローバルリテラシーなど、あらゆる分野での情報活用能力について、この語を用いて表現されます。たとえば「情報リテラシー」には、次のような説明があります。

文字を読み書きする能力を意味するリテラシー Literacy から派生し、「情報技術を使いこなす能力」と「情報を読み解き活用する能力」の二つの意味をもつ。「情報技術を使いこなす能力」とは、コンピュータや各種のアプリケーション・ソフト（特定の作業のためのソフトウェア）、コンピュータ・ネットワークなどのIT（情報技術）を利用して、データを作成、整理したり、インターネットでさまざまな情報を検索したり、プログラムを組むことのできる能力をさす。コンピュータ・リテラシーとよばれることもあり、ITの分野で情報リテラシーという場合は、こちらを意味していることが多い。一方の「情報を読み解き活用する能力」は、広義の情報リテラシーと位置づけられる。テレビ、ラジオ、新聞、雑誌などさまざまなメディアから発信される情報の役割や特性、影響力などを理解する力、および自ら情報を収集、評価、整理し、表現、発信する能力など、情報の取扱いに関するさまざまな知識と能力のことをさし、メディアリテラシーともよばれる。学校教育の現場などでは、おもにこの意味で使われる。

（『日本大百科全書』）

さて、メディアそのものの性質を理解し、これが伝える「現実」を読み解くスキルを身につけるための教育を、メディア・リテラシー教育と言います。

これは、アメリカやカナダなどが牽引役となって、各国の教育分野で導入が進められてきたものです。２００１年には、推進運動の中心的存在であるＡＭＬＡ（Alliance for a Media Literate America。のちにＮＡＭＬＥに改称）がアメリカで設立されています。

この団体の全米大会で示されたメディア・リテラシー教育のポイントのひとつ、「メッセージの受信や創造のプロセスでは、積極的な探求と批判的思考が必要である」という点については、わたしたちもじっくり考えてみる必要があるでしょう。

アメリカの教育の現場では、初等中等教育、高等教育といったステージにかかわらず、とにかく批判的思考の重要性を繰り返し強調し、身につけさせていきます。たとえば、次のような点の理解を促します。

①メディア・メッセージを理解するためには、どのような点に着目し疑問をもてばいいのかということ
②他人の考え方に従うのではなく、自分の考え方をもつこと
③メディアを批判するためには、分析スキルがなければいけないこと
④すべてのメッセージには、バイアスがかかっているということ
⑤メディア関連に限らず、すべてのものごとを、過度に単純化したり一般化してはいけないということ
⑥複雑な議論を○×式に矮小化して論じてはいけないこと

いま取り上げた6項目を見て、「なぜだかわからないけれども、耳が痛い」と感じる方は少なくないのではないでしょうか。ともかくアメリカでは、こうした教育実践を通じ、知識を使うこと、知識を疑うことを習得していくのです。

私は、**知識は得るだけでなく、知識を使い、知識を疑うことで、頭は良くなる**と考えています。これに対し、この国ではどうでしょうか。児童学生のみならず、大人たちにも知識に向き合う際に必要な態度が欠如していると思えてなりません。「ああ、そうだったのか」で納得してしまいにしてしまうことが、いかに低レベルであるのか、感じていただけたかと思います。

●世界的に評価される、かつての基礎学力重視型教育

このように日米で比較すると、全世代において知識や情報に関するリテラシーの低さは、残念ながら日本が際立っているのは事実です。

では、日本の学校教育すべてが評価に値しないのかと言うと、まったくそうではありません。じつは日本で学力低下が問題化するはるか前に、学力低下と教育崩壊が起きた欧米諸国では、日本の基礎学力重視型の教育を大いに参考にし、教育改革を成功させたという経緯があります。

アメリカでは、1960年代からカリキュラムの多様化と本人の自発性重視が進むと同時に、基礎学力の深刻な低下を招きました。学校荒廃などもこの時期はすさまじいものがありました。こうしたなか、レーガン政権下の1983年に、「教育におけるエクセレンスに関する全米審議会」による報告書『危機に立つ国家（A Nation at Risk）』がアメリカの教育危機を指摘し、それが3500万部のベストセラーになり、改革の取り組みが本格化しました。

教育改革の本格化の背景には、当時のアメリカの経済的苦境も大きく影響を与えていました。当時アメリカは、貿易収支と財政が「双子の赤字」と言われるような苦しい状況に立たされていたのですが、彼らの伝統的信仰とも言える「強いアメリカ」の優位性を脅かす経済危機の原因は、「教育レベルの低下にある」というのが政権の考えでした。

「すべての国民がハイレベルの教育を習得することによって、強いアメリカの活力と競争力を取り戻すことができる」。その一念で、国家一丸となり推進されたのです。

ちなみにどれほどの教育崩壊ぶりだったのか、『危機に立つ国家』を見てみましょう。

・成人のうち2300万人が日常レベルの読み書き・理解が不十分である
・大学進学適性テスト（SAT）の得点は、1963年以来、1980年まで低下し続けている
・17歳の4割近くが文章問題から推論ができず、2割しか説得力のある論文が書けない
・軍においても基礎的学力の補充指導のために莫大な経費をかけざるを得ない

ここでアメリカは、日本が得意としていたペーパーテスト学力の底上げを徹底します。地方分権の徹底したアメリカでは、実際には、州や市の主導で改革が行われたの

ですが、全米最下位レベルの学力にあえいでいたテキサス州では、成果を出せない学校に対しては助成金をカットするなど、かなり強引な手法で改革を行い、その学力をトップレベルに引き上げました。国民にはおおむねこれが肯定的に受け入れられ、この実績をもとに当時テキサスの州知事だったブッシュ・ジュニアは大統領に選ばれました。そして、多くの自治体がそれに追随したのです。

またイギリスでは、1970年代後半から国家財政の悪化や経済不況にともない、公費削減策が強行されました。ここで標的とされたのが教育分野でした。

1980年代に発表された年次報告では、政府の教育費削減により、教育水準の低下、教員不足、授業のできない科目の存在、教科書をはじめとする教育備品予算の不足などを毎年のように指摘するありさまでした。

また、第2次世界大戦後の社会計画のなかから生まれた、コンプリヘンシブ・スクール（入学選抜のない総合制中等学校）で顕著に見られる学力低下は、生徒中心主義などの弊害によるものとされ、教育改革はサッチャー政権下で喫緊の課題となっていったのです。

心理学者リチャード・リンは、サッチャー政権下での教育改革に影響を与えた人物ですが、著書のなかで国家の教育予算が決して潤沢ではない日本が、なぜ優秀な教育を実現できているのかについて触れています。そこで高校・大学の入学試験という学習への明確な動機づけがあること、全国統一カリキュラムを導入していることについて評価を示しています。

そして実際、サッチャーと二代あとのブレア両政権下では、基礎学力の徹底を重視する、当時の日本型教育システムをモデルのひとつとして改革を進めたのです。

ここでは主にアメリカとイギリスについて取り上げましたが、これ以外にも東南アジア諸国では、従来の日本型教育をひとつの手本として、教育制度を構築しているということも、つけ加えておきましょう。

◉基礎学力軽視の危ない教育改革

このように各国では、初等中等教育での基礎学力重視がトレンドとなっています。

たとえばいま、世界中で公文式のドリルに励む子どもたちが増え続けていることも、これと無関係ではありません。

ところが、各国の教育改革で理想的モデルとして認められていた日本の基礎学力重視型教育システムは、肝心の日本ではその価値が正しく評価されることはなく、長い間、批判の対象としてみなされてきました。それどころかゆとり教育の形で破壊されたのです。さまざまな議論の末、ゆとり教育が撤回されたと思ったら別の形で破壊が進められようとしているのが、日本の現状です。

みなさんのなかでお子さんがいらっしゃる人は、大学入試やその準備を考えるなかで、２０２０年度から大学入試システムが様変わりしたことをご存じかもしれません。

おおまかに言うと、１９９０年春から続いてきたセンター試験を廃止し、新テストを導入。あわせて各大学が個別に実施する入学者選抜方式に基づく評価が行われるというものです。

中央教育審議会が２０１４年に提出した答申は、高等学校教育から大学入学者選抜を経て大学教育の入口までの一体的改革を主旨とするものでした。つまり高校と大学の接続をよりスムーズにしましょうというものです。ここで従来型の知識量が問われる学力は否定され、「新しい学力」「生きる力」の習得度を問うというように方向転換されたのです。

新しい学力、生きる力とは、いったい何なのでしょうか。文部科学省は次のように定義しています。

1　「豊かな人間性」＝国家及び社会の責任ある形成者として必要な教養と行動規範を身につけることを目標とする。

2　「健康・体力」＝健康や体力を養うとともに、自己管理などの方法を身につけることを目標とする。

3　「確かな学力」

3－1　「主体性・多様性・協働性」＝社会で生きていくために必要な、主体性をもって多様な人々と協働して学ぶ態度。

3－2　「思考力・判断力・表現力」＝3－1の基盤となる知識・技能を活用して、

自ら課題を発見し、その解決に向けて探求し、成果などを表現するために必要な能力。

3－3「知識・技能」＝3－2の基礎となるもの。

（2014年　中央教育審議会）

これには大変、疑問をもたざるを得ないというのがわたしの意見です。

先の項で触れたように、基礎学力を重視するというのは諸外国の教育トレンドであり、教育再建策のなかで着手されたのは、基礎学力の定着だったはずです。欧米では、かつての日本を手本にした基礎学力重視という考え方がありますから、応用学力的なものは大学で重点的に行うという形になっています。

しかし、あろうことか高校卒業までの初等中等教育における基礎学力の習得を犠牲にして、本来、基礎学力があってはじめて伸ばすことのできる応用学力を、大学に入るまでに身につけろと、この国は言っているのです。

わたしは、ここに今後の日本の教育水準崩壊の危険性が潜んでいると考えます。

◉世界中で相手にされない日本の大学教育

わたしはこれまで、日本の小中高で学び、大学受験に成功して、東京大学や京都大学クラスの大学に進学後、ハーバード大などの一流ビジネススクールに留学した日本人学生が、そこで留年したとか卒業できなかったという話をまず聞いたことがありません。それは、これまで行われてきた、この国の基礎学力重視の教育と基礎学力を固めて臨む大学受験学力の賜物と思うのです。

もし、留学前に受けてきた日本の教育システムが悪ければ、ハーバード大でもっと落ちこぼれているはずです。アメリカ国内からハーバード大のビジネススクールに進学した者のうち、2〜3割程度は卒業できないという実態とは、対照的な結果を出しているのです。

このように高校までの教育制度は世界的にも評価を得てきたのに対し、大学教育はどうかと言うと、これががっかりするほど低い評価しか与えられていません。日本の大学を見習おうなどという国は、残念ながらないのです。

したがって、海外の高校生や大学生が他国の大学に留学しようと考えたとき、第一志望として選ぶのは、東大や京大ではなく、やはり欧米のトップ大学なのです。

大学のクオリティを構成する要素はいくつかあります。もちろん環境・施設などのハード面、教師陣のレベルや競争力、予算の充実も重要です。そしてもうひとつ見逃してはならないのが、「学生の質」の問題です。

日本では、１９９０年度に慶應義塾大学で初めてＡＯ入試が導入され、２０００年度には国公立大学での導入が始まりました。こうした入学者選抜方法の変化にともない、20年前には全体の60％前後だった試験を課す私立大の一般入試入学者は、現在では50％を切るまでに減少しています。

これに対し、面接と書類審査に重きが置かれる総合型選抜（旧ＡＯ入試）と学校推薦型選抜といういわゆる「年内入試」による入学制が、２０００年度には33・１％だったものが、２０２３年度大学入試（２０２４年４月入学者対象）では、50・３％を占め、初めて入学生の半数を超える割合となりました。

この傾向は今後も勢いを増すのは間違いなく、多くの大学で引き続き、総合型選抜入学者の比率を上げることが検討されています。「入学者の個性と多様な能力を重視する全人的評価が大学の活性化につながり、ひいてはブランド力を高める」というのが大学側の言い分です。

本当でしょうか。いま多くの大学では経営難に苦しんでいます。本心では、基礎学力が十分ではないが、かろうじて一芸に秀でている学生よりも、やはり高い基礎学力を有する優秀な学生を採りたいと考えているでしょう。

しかし、それを実行すると、経営を支えるのに十分な数の学生を集めることはできません。こうなれば「総合型選抜入試入学者を増やすしか道はない」というのが、いまの大学の考え方です。ただ、そこには解決がまたしても先送りされた感のある問題が存在し続けます。

受験方法が多様化したこと、受験競争が緩和されたことなどをはじめとして複数の要因が絡み合い、学生たちの学びに対するインセンティブも学力も下がっていることは、もはや否定できません。

ここ20年ほど、大学生の基礎学力低下が問題視されているのは、みなさんもご存じでしょう。そのため大学入学後に基礎学力不足で授業についていけない学生や、高校時代に科目未履修だった学生を対象に、本来の大学カリキュラムの時間を削って高校課程（ひどいところでは中学課程）の補修を行うリメディアル教育を各大学で行っています。

大学の履修単位としてはカウントされないこうした授業なくしては、本来の大学教育がスタートできないところまで来ているのです。

大学における専門教育のなかで扱われる知識や情報などに対するリテラシーは、それ相応の高い基礎学力がなければ発揮することはできません。

果たしてこの国は、いま考えられている方向で教育改革を断行していいのだろうか。基礎学力やペーパーテスト学力をバカにしすぎる日本には、いつか取り返しのつかないツケが回ってくるに違いない……。

そんなことを考え続けています。

◉知識偏重の大学がつくり出す「考え不精人間」

こうした厳しい状況にある高等教育の現場ですが、さらにこれに輪をかけてまずいのが、大学の教育そのものの質です。

前にも触れたように、大学では基礎学力をベースとして応用学力を発展させるのが、本来あるべき姿だとわたしは思っています。

欧米の一流大学では、「自分の頭で考える」「推論する」「問題を発見する」「仮説を立てる」「実証するために試してみる」ということを学生に強く要求します。そもそも日本でよく見られる、独自性の欠如した教授たちの言いなりになるような学生は、入学時点の面接で落とされています。そういう学生を採らないようにするために、欧米の一流の大学では入試面接を大学教授にはやらせずに、アドミッション・オフィスの面接のプロが行うのです。

ところが、いまの日本の大学では、いまだに理論ばかりを教え込むような、知識伝授型の講義スタイルが横行しています。そして、そういう教授が入試の面接を行います。

培ってきた知をもとに発想力や想像力に磨きをかける機会は、まったく不足しているのが実情で、学生のクリエイティビティを伸ばすような講義は本当に数少ないのです。とくに文系学部ではこの傾向が顕著です。多くの学部では、担当教官の言うとおりのことをして、とりあえずレポートを提出して優をつけてもらうというようなことばかりをしているのです。そうすることが有利な就職につながるという背景もあります。

ですから、ある分野について学んでいると言っても、自分の担当教官の説しか知らず、担当教官とは真っ向対立するような説を唱える他大学の教授のことなど、まったく知らないという学生は、当たり前のように存在します。

また、教育する側の大学教授たちのなかには、学生が教授の説に異を唱え、「他の教授の説ではこうだ」というような話をすると怒り出す人もいるくらいですから、どっちもどっちで、じつに困った問題です。

あるいは、世間でも有名な教授につくと、そのネームバリューと肩書だけで「この先生は間違いない」と盲信して、その説の信者になってしまうケースがあります。

しかし、たとえそれが東大の教授であったとしても、すべての東大教授が優れているわけではありません。仮に研究者として優れていたとしても、**「その人の説はさまざまな説のなかのひとつにすぎない」という冷静な見方が必要**です。**「この世の中には多様な説がある」という前提条件を知らなければいけない**のです。

いずれにしても知識伝授型の大学教育になじんでいくと、次第に「想定されたレールの上を無難に歩いて卒業できればいい」というような考えになっていきます。自ら思考を重ね、担当教官に闘いを挑むような真似はする必要はないし、下手なことをして及第点をもらい損ねるほうがバカだとさえ思い始めるのです。

結局、このようなレベルの低い高等教育機関では、これからも高い学費を徴収して考え不精を次々と生み出し、世に送り出していくわけです。

こうして大人になっていく考え不精人間たちは、知識を疑うこともせず、自ら探求しようともせず、「そうだったのか」的な生き方をすることになるのです。それはとても不幸なことだと思います。知識礼賛傾向の強いこの国では、この点にとくに注意するべきでしょう。

それにしても、文科省がさかんに「従来の教育は受け身的学習なのでよろしくない」と言っているわりには、むしろ今回の教育改革でも実質的に手つかずの大学において、受け身の学生を量産しているのを黙認するというのは、あまりにも矛盾に満ちた皮肉な話です。

◉知識は「使用」するためにある

ここまで「60歳からは勉強するのをやめなさい」と名乗っている書籍にしては、知識や基礎学力について少し詳しくお話ししてきました。読み進めながらタイトルとの齟齬《そご》を感じた方もいたかもしれません。「だって、この本は中高年向けの本でしょ？」と。

ここまでの内容を通じて、わたしがみなさんにお伝えしたいのは、「**中高年からは勉**

強するのをやめなさい」と言っても、**基礎的な知識や学力はそれなりに必要**であるということなのです。

認知心理学では、いわゆる頭のよさとは、問題解決能力の高さにあるとされています。この問題解決の際の考える材料となるのが知識です。

言うまでもなく、この**知識とは頭のなかにしまい込んで、クイズに答えるときにだけ、無加工のまま取り出してみるというレベルではなく、具体的に思考の道具として活用するためのもの**です。その意味で知識は重要なのです。

ただし、これまでの人生の過程で、かなりの基礎知識を身につけているだけでなく、日本の中学生の基礎学力が世界一だった1980年代以前に中学生だった、いまの50代以上の人で、偏差値が50以上、つまり日本の平均以上の学校に行っているなら、「それなりの基礎学力」や問題解決のベースになる知識量は十分クリアしていると考えられます。

そして、「それなりの基礎知識」がすでにあるのであれば、これからもそれをただ増やせばいいという話ではなくなります。そこで本書で紹介する「無理なインプットより、ラクして楽しいアウトプット」が必要となってきます。

前にお話ししましたが、単に知識量だけを誇っても所詮スマホにはかないません。それを有効に使えなければ、何の役にも立たないのです。知識は所有することに価値があると無意識に思い込んでいる場合や、知識の正しい使い方を知らない場合、やがては知識依存症候群のような状態に陥らないとも限りません。

恐ろしいのは知識依存症候群になってしまうと、「この人の言っていることは正しい」「この説は当然だ」といった調子で鵜呑みにしてしまう。批判的にものを見ることができなくなり、思考が完全にストップしてしまうという点です。

こうなると、まともな判断力も期待できませんから、非常に危険であるとわたしは思います。いわば知識の奴隷状態のようなものです。

第5章でも詳しく取り上げますが、人は40代50代にもなると、ただでさえ脳の前頭葉の老化が始まり、少しずつ萎縮していきますから、次第に新しい考えを受け入れにくくなっていきます。こうした**加齢変性に加え、日頃から知識を疑ったり、知識を使って考えるという習慣のない生活をしていれば、脳の機能は明らかに悪くなります。**

知識は所有するためにあるのではなく、使用するためにある。

このことをぜひ覚えておいてください。

さて、知識は大切だと言っても、「さっき知識や学説は、時代とともにコロコロ変わると言ったじゃないか」と思われる方もいるでしょう。もちろんそのとおりです。ですから次々と世に出てくる新知識の概要と世の中のトレンドだけ、とりあえず押さえておくというスタンスでいいのです。いちいちひとつのことに深入りして細部に至るまで覚えるということは必要ありません。だって覚えられないんだから。概要さえ知っていれば、必要に応じて適切な情報を引き出すことはいくらでもできますし、そのあたりのことはスマホやパソコンに任せておけばいいのです。

何よりも、**「いまの時代はこうなっているんだな」ということを理解しつつ、「それが未来永劫、正論であるとは限らない」と言えるようなスタンスの取り方が大切だ**というとです。

◉「勉強するとバカになる」の真意

知識依存症候群や知識の奴隷状態の弊害として、「勉強するとバカになる」という現象があります。これは、前述のように、ひたすら知識のインプットばかりにとらわれているせいで、それが正しい知識と思っているために考えることをしないし、本人の感覚として、「やってもやっても覚えられない」という状態に陥っていくものです。

記憶力が落ちてきたのではないかと不安に駆られると、より焦って勉強をする人がいます。

たしかに中高年になれば、誰もが記憶力の低下を痛感する場面が増えていきます。こんなとき、「昔に比べて覚えが悪くなった」「のどまで出かかっているのに、その言葉が出てこない」とため息をつくのですが、本当に脳の記憶機能が減退するのでしょうか。

じつは最近の脳科学の世界では、中高年になったからと言って記憶力が悪くなるのではなく、記憶したことは脳に残っていますが、それを記憶として呼び出す想起のはたらきが悪くなるという説が、かなり有力視されています。

たとえばこんな場面を想像してみてください。かつて旅行したハワイを30年ぶりで訪れた人が、レンタカーでドライブしているとき、ヨットハーバー近くの老舗レストランの前を通りかかる。目的があってそこに向かっていたわけではありませんが、変わらぬ店のたたずまいを見た瞬間、「あ、30年前、ここでランチを食べた。ビールを飲みすぎて帰りは運転を代わってもらったんだ」と思い出す。こうして、30年間まったく思い返すこともなかった記憶が生き生きとよみがえる――こういうことはみなさんも経験したことがあるでしょう。

つまり、これは過去に記憶したことは、脳から失われていないということを示しています。ところが、再訪という機会にその景色を見なければ、おそらくこの先も、30年の間にインプットしたほかの情報に埋没して、しまい込まれたままだったはずです。

こういうことは、何も大人だけに起こるというわけではありません。大人より記憶力がいいのではないかと思わせる子どもの場合は、それを思い出すことさえできないことがあります。

「あいつが小さいとき、連れて行ってやった戦隊ショーで迷子になって大騒ぎしたのに、何にも覚えていないんだからな」

ある日ふとお父さんがぼやき始めるのですが、お父さん自身にしたところで、何も戦隊ショーの日からこの日まで、ずっとそのことを思い起こしていたわけではありません。これもよくあるパターンです。

記憶の機能は、情報を頭にインプットする「記銘」、インプットした情報を長期間、頭に貯蔵する「保持」、貯蔵した情報を頭からアウトプットする「想起」の3段階で構成されます。

中高年以降でも記銘、保持には大きな問題は生じませんが、低下が指摘されるのが想起です。放っておけば「頭が悪くなった」と嘆き続けることになりますが、**想起力を維持するためには、アウトプットを繰り返しながら記憶を定着させるのが有効な方法です。**

さて、知識のインプットにばかり励んで、自分の頭で考えたり、アウトプットをおろそかにしている知識依存症候群の場合はどうでしょうか。

もともと記銘する情報量が多すぎる、言い換えると脳への上書きが過剰であるということに加え、思考やアウトプットの習慣がないわけですから、これでは知識をどんどん詰め込んだところで、使える状態で脳に定着させることはできません。そして、知識が上書きされるほど想起はかえって悪くなるのです。

つまり記憶の出力経路（アウトプット経路）をしっかり意識してつくらなければ、知識注入型の勉強を重ねても、かえって記憶力まで悪くなっていくのです。

60歳からは、多量な情報のインプットは「だって覚えられないんだから」と開き直るくらいでちょうど良い。

むしろ、**ラクして楽しくアウトプットすることに注力したほうが、前頭葉も刺激され、記憶も定着する**のです。

◉自分で考える習慣を奪う属人思考の罠

ここでみなさんに少しチェックテストをしてもらいましょう。いくつあてはまるでしょうか。

□経済でも政治でも歴史でも医学でも何でもいいが、誰か熱心に支持する専門家や評論家がいる
□本を読むとしたら、支持している人のものばかりを読む
□討論番組などで特定の人の意見に、つねに同意する
□支持する人の意見には間違いがないと確信している
□支持している人に批判的な対立説のほうが妥当性が高い場合でも、抵抗なく認めることはできない
□あなたの好まない人物がどのような説を唱えようが、興味がない

※YESが多い人は、属人思考傾向が強いかもしれません。

先に大学教育の体たらくを取り上げた際、考え不精の人について触れました。こうした傾向のある人にとっては、自分の考えに一致していて納得しやすい説は、じつに心地よく響くものです。

また、そうしたお気に入りの説を毎度提供してくれる学者や評論家については、「〝この人〟は間違ったことは言わない」「〝この人〟の言うことは正しい。それはいつでもだ」「〝この人〟の言うことは、あの有名人たちもずっと支持しているから疑う必要はない」といった具合に、ある種、奇妙な信仰をもつようになっていきます。

こうしたものごとについての判断基準が、その説の妥当性ではなく、「誰が言っているのか」という人的要素に置かれる考え方を「属人思考」と言います。

これはじつに危険な態度です。当たり前のことですが、ある人が言うことがつねに正しいということはあり得ません。あるときは至極まっとうな意見を言っていた人でも、別のテーマでは、見当はずれな意見に終始し論点がずれているということは、いくらでもあります。

加えて、先ほどお話ししたように、知識や常識、定説は固定されたものではなく時代とともに動くという当たり前のことがわかっていれば、「どのような説であっても、いまのところそうかもしれないということだ」、つまり「〝かも〟の話は〝かも〟である」と冷静に判断できるはずです。

しかし、属人思考にはまってしまった場合には、残念なことにその人の説が唯一の答えであると確信してしまいます。そして、与えられた答えに従っていればいいわけですから、自らの思考活動は停止します。

また、たとえ異論反論が寄せられても、これに耳を傾けることができません。それを受け入れることは、信仰心を自ら裏切ることになるからです。自分にとって好ましくない意見はノイズとなり、異論を唱える人を攻撃・差別・排除したりするということも起きます。

世の中に遍在するさまざまな説や考え方に触れることは、いい刺激にもなりますし、思考を深めるきっかけになります。しかし、自分が好意的に捉えるある特定の人物、ある特定の説ばかりを深掘りして勉強したつもりになっても、多くの場合、その説をなぞっているだけで思考しませんから、決して賢くはならないのです。

これが、「勉強するとバカになる」という現象のあらましです。

日本の場合、ある学者がノーベル賞を取ると、教育の経験や実績がなくても、その人の教育論や、ほかの社会批判まで何でも正しいと受け取ることがあります。そういう学者が教育関係の審議会のトップに就くことは珍しくありません。

これは欧米では考えられないことですが、それに対する批判の声もまず上がりません。

スポーツの世界では、野球がいくらすごくてもサッカーの監督になることはあり得ないでしょう。そんなことをすると負けると考えられているからでしょうが、教育だって現場をまったく知らない不向きな人がトップになると、外国に負ける危険性は小さくありません。スポーツでは冷静に考えられるのに、知的なものに関しては、属人的な思考になってしまう人がいかに多いかを表しているとわたしは考えます。

◉「人をバカにするバカな人たち」に欠けるもの

世の中には、「自分はものを知らない。知識がまだまだ不足している。どんどん知識を詰め込まなければ」と思い、知識注入型の勉強スタイルに固執する大人がいます。

その一方で、逆に「自分はまわりの人間よりものをよく知っている。それに引き替え世間にはバカが多い」と他人を見下す態度を取る人もまた結構多いものです。これは人間の性なのかもしれませんが、なまじっか自分が勉強していると、他人がバカに見え、また、バカな人を比較対象とすることで優越感に浸るというクセがあります。

ただ、ここにも考え方の落とし穴があります。先ほどから知識を絶対視せずに疑う姿勢の大切さを述べてきました。ここにさらにもうひとつ大切な視点があります。それは、**「自説を過信しすぎて絶対視しないこと。自説を疑う勇気をもつこと」**です。

わたし自身の体験のなかにこんなことがありました。かつてある経済学の権威と話をする機会を得ました。

そのとき、わたしは「法人税や所得税を増税し、そのかわり経費の範囲を緩和し、大幅に認めたほうが消費刺激効果が高くなり、経済が活性化するのではないか」という意見を述べたのです。それに対する経済学者の答えはこうでした。

「それは誰の学説なのか。経済学を学んだことのない素人の思いつきにすぎないじゃないか」

明らかにわたしを見下す態度でした。その人は自分の学んできた学説こそが正しいという思いで固まっていますから、量的緩和や財政出動だけで景気がよくなるとかたくなに信じているという様子でした。

もちろん、このときのわたしの説が絶対に正しいとは自分自身思っていません。ですが、それが専門家によるものか素人の発想かにかかわらず、「こんな考え方もできるのではないか？」というアプローチは、非常に大切なのではないかと思っています。

この例でも顕著ですが、自説の正当性を信じて疑わない人は、新しい視点からの意見を受け入れることができません。自説とそれを支えてきた過去の学説が、あたかも宗教のような性格を帯びてしまう。これはアカデミックな世界に非常に多い現象です。

標高の低い頂に立っただけで満足してしまう、小さなお山の大将と言ってしまえばそれまでのこと。往々にしてこの手のタイプは、自説に縛られているがゆえに、頭をアップデートできず古びていくという、悲惨なスパイラルにはまっていくのです。

経済学者の榊原英資《さかきばらえいすけ》さんは、わたしが尊敬する人物のひとりですが、お話しするたびに新しいものの見方、考え方のヒントをくださいます。その彼が以前、「**知的謙虚**」という言葉について話されたことがあります。

これは「自分が何でも知っているわけではない。自分にはまだまだ知らないことが無限にある」ということを認識する態度を意味する言葉です。「**ものを知れば知るほど、経験を積めば積むほど、自分は優れた頭脳をもっているなどと錯覚せず、謙虚であれ**」**ということを意識することが**肝要なのです。

人のことを見下してバカにするような人に欠落しているのが、まさに知的謙虚と言えます。

◉『ドラえもん』に学ぶ知識にとらわれすぎない自由な発想

前項でも例として挙げたわたしなりの経済活性策。狭量な専門家たちからすれば、門外漢の素人意見など聞くに値しないのかもしれませんが、知識にとらわれすぎると、かえって柔軟な思考ができなくなるものです。

知識にとらわれすぎない自由な発想のお手本は、わたしたちがよく知っているアニメにもあります。『ドラえもん』です。

全編「こんなこといいな〜、できたらいいな〜」の精神で貫かれていますが、もし、この作中の世界が知識に縛られていたとしたら、ドラえもんの四次元ポケットからは「ひみつ道具」は何ひとつ出てこなかったはずです。タケコプターで自由に飛ぶという発想も、どこでもドアで「あんなとこいいな〜、いけたらいいな〜」と思う場所へ行くという発想も出てこないでしょう。

どうして多くの大人がこうした発想ができないかと言えば、既存の知識に縛られているからです。

「自由に発想してください」と言われても、まず何も浮かばない。「こんなのあったらいいな」の「こんなの」さえ想像することができない。やっとこさ何かアイデアらしきものが出てきても、「こんなのできっこない」とか、「あり得ない空想だ」「自分のもっている知識とはかけ離れているから没だ」「かえってこんなレベルのことを人に話したら笑われる。恥ずかしい」と決めつけ、それ以上考えることはできなくなる……。

こうした発想で『ドラえもん』が描かれていたら、ドラえもんは可愛さだけが売りのただのぬいぐるみにしかなれず、これほどまで多くのファンをワクワクさせることはなかったのは言うまでもありません。

現実の世界にも、自由な発想が大きな変革をもたらす例を見つけることができます。たとえばスティーブ・ジョブズ。彼はもともと技術者ではありませんでしたから、自由に「こんなのつくれないかなぁ」と言えたのです。

もし彼が昔気質の技術畑の人間であったら、これまで蓄積された知識や経験、前例などに縛られて、その延長線上でしかものを考えることはできなかったかもしれません。

わたし自身も一見、人からはくだらないと思われるようなことを、あれこれ考えるのが大好きです。ですから、たとえば「エネルギーをまったく必要としない永久機関みたいなものって、つくれないのかな」とか平気で考えるわけです。

こうした自由な発想を「くだらない」と言下に否定するのか、「面白いじゃん」と思えるのか。このあたりが頭の柔軟性にも非常に深く関係するとわたしは信じています。

そして、ジョブズを例に出すまでもなく、**この柔軟な発想が成功のカギになる時代はもう来ている**と言えるのです。

◉新時代は思考重視・アウトプット重視に切り替える

平成の時代が終わるまで、多くの日本人はこの世に「唯一の正しい答え」があると信じ、これを追い求めてきました。つねに誰かが「これが正しい答えですよ」と提示してくれなければ不安になってしまうという、認知的成熟度の低さとあいまって、唯一絶対と思えるものにからめ捕られてきました。

わたしは元来、勉強が好きな人間です。灘中学受験に始まって東大受験、医師国家試験などのために、ハードな勉強を重ねてきたという経緯があります。やがて20代後半から自身の経験をもとに受験勉強の方法論を説き、社会人向け・各年齢層向けの勉強法の書籍を送り出してきました。

そうしたなかで、「わたしたちにとって勉強とはなんだろうか？」という問いかけを繰り返し繰り返し続けてきました。

そんなわたしが至ったのは、**「生きるなかで遭遇するあらゆることが、すなわち勉強」**であり、「勉強とは特定の限局的な知識を注入することだけを意味するのではない」ということです。限局的な知識注入は、勉強という大きな括りのなかのほんの一部にすぎません。加えて唯一絶対の答えを求める勉強は、思考の多様性を排除する。これは真の勉強とは言えないのです。

本来、勉強とは生きるための目的ではなく手段です。勉強したことを自分の強みとして、いかに人生を豊かにしていくか、楽しくて幸福なものにしていくか。そのために使ってこそ価値があるのです。

勉強することで多様なものの見方、考え方があることを知る。そしてまた、自らもさまざま可能性を幅広く考えられるようになっていく。これが勉強の意義であり、勉強することによって得られる最大の果実と言っていいでしょう。

幅広い視野でものごとの可能性を考えられる人は、それだけ人生の選択肢も広くなるのです。異論反論も排除せず、「なるほど、そういう視点もあるのか」と、まずは興味深く耳を傾けることができる人こそが頭のいい人と言えます。既知の知識に拘泥しないフレキシブルな姿勢は、精神の自由につながるのだとわたしは思います。

わたしも、もちろん本を読んだりネットを見たりしながら、知識を注入することはあるのですが、それは「正解を求める」ためでなく、いろいろな考えがあることを知るためにというふうに変わってきました。

この章では、教育制度や基礎学力の話などにページを割いてお話ししてきました。ざっと読んだ方は、それはあたかも、いまの若者世代が直面している学力低下問題だけを指摘しているのかと思われたかもしれません。しかし、それは少し違うのです。

わたしは、いまこうした若い世代の問題を含め、日本人全体の思考のクオリティが低下してきていることに危惧を抱いています。

「いつから日本人は、これほどまでにものを考えなくなったのだろうか……」

この思いは年々強まってきています。

平成時代までの知識注入にばかり着目するような考え方の限界が来ているのではないか。そんなふうに思います。令和からの**新時代は、「知識を材料とし、いかに思考を続けていくか」という視点、そして「その思考をいかにアウトプットするか」という視点が、非常に大きなカギになる**と確信しています。

令和時代が始まって、この国の多くの人がものを考えず、思考のアウトプットの重要性を認識してこなかったことはいまさら仕方ないとしても、**みなさんの人生の「これから」においては、楽しみながら思考を重ね、アウトプットを重視する新しい生き方を試してほしい**と切に思います。

第2章

60歳からは気分よく賢くなる！
ラクして楽しい「らくらく学習」

◉人生100年時代に必要になる脱・知識偏重

人生100年時代をどう捉えるか、どう生きるかについてお話しした序章。平成時代までの知識注入型勉強法だけでは、もう生き抜くことはできないことを示した第1章。これに続く第2章では、人生100年時代に対応した新しい学び方「ラクして楽しい学び」(以下、らくらく学習)の具体的実践法を中心に進めていきたいと思います。

これまでお話ししてきたことを含め、「らくらく学習」を整理すると次のようになります。

①これまでの人生で蓄積してきた知識や経験、学びなどのリソースを最大限に生かす
②知識や情報に接したとき、「ああ、そうだったのか」と納得して終わらせず、自分の頭で思考する
③脳の老化を食い止め、健全なメンタルを保つために人と交わり、自分の思考を積極

的にアウトプットする

このらくらく学習を具体的に支えるのが、「リソース活用」「思考・思索」「知識の発信」、この三本柱です。

らくらく学習の究極の目的は、「人生１００年時代を〝賢く・楽しく・幸せに〟生きること」にあります。あと１年で高齢者の仲間入りをするわたし自身もそうでありたいと思いますし、読者のみなさんも、ぜひそうであってほしいと強く願うところです。

これを実現するためには、インプットに偏重した知識注入型の作業だけを学びの定義とするのではなく、もっと広く学びを捉えてほしいのです。

「見るもの聞くもの経験することすべてが学びの契機」ですし、これをよく理解すれば、**「人生で起こるすべてのことが、すなわち学び」**と考えることが可能です。こういう発想をもつことで、これからの人生の充実度は飛躍的に高まるでしょう。

◉何を始めるにも「やり方」が大事

勉強にしろ仕事にしろ、何かことにあたる際、多くの日本人は「やり方」の重要性に対する視点が欠落しています。ですから、「やり方」をすっ飛ばして、いきなり本題に取りかかってしまうのですが、これではうまくいかない確率が高まるのも無理はありません。

たとえば、わたしは長いこと受験指導を行っていますが、そこで最初に徹底するのが受験勉強のやり方＝受験テクニックを知るという姿勢です。

そのやり方を具体的に示すと、①目標の明確化（志望校の決定）、②現状の学力の把握（過去問演習）、③配点パターンと出題傾向の分析、④出題レベルと学力のギャップの把握、⑤科目別分析と対策の検討、⑥学習ツールの選択、⑦年間計画・週間計画の策定——といった基本準備的なテクニックがまずあります。

さらに、科目ごとにどのような得点目標にすれば合格最低点をクリアできるか、学習効率を上げるにはどうすればいいか、記憶を定着させるためにはどのようなやり方が有効かなど、受験勉強を始めるにあたって、最初に押さえておくべき方法の項目は多岐にわたります。

この本で勧めるらくらく学習と受験勉強的なものは性格が異なるので、何もいま挙げた受験テクニック的なものを、そのまま実践しましょうという話では決してありません。しかし、**らくらく学習にもそれなりの方法論は必要ですし、長続きさせるためにコツを知ったり、工夫を加えるという姿勢も必要**です。

わたしは何ごとに関しても、効果的に進めるための方法論を考えることの大切さを、さまざまな書籍で語ってきました。しかし、なぜか方法論を軽視するだけでなく、テクニック的なことに対して批判的に捉える人が少なからず存在します。

だいたいわたしに批判的なことを言ってくる人は、「テクニックなど小ずるい手を使わずにコツコツやるべきだ」ということを言いたいらしいのですが、わたしには能率の悪い悪しき根性論者の言い分にしか思えません。

「もっとやり方を考えることに頭を使えばいいのに」「やり方を考え選択することは、

ずるいことではなく賢いことだ」と、いつもそう感じます。うまくいかないやり方に固執し、ほかの方法の可能性を考えられないというのは、かなり脳の柔軟性が失われている証拠と言えます。

◉努力しているのにうまくいかないのは、やり方が違うから

勉強、仕事、スポーツ、趣味、何でもいいのですが、自分としては一生懸命努力しているのに、成果が一向に上がらないという経験をしたことはありませんか?

たとえば、ゴルフの腕がまったく上がらない。そこで、それならもっとスイングの練習量を増やせばいいと思い、足しげく打ちっぱなしに通うことにする。しかし、結局なぜだか状況は好転せず、自分はゴルフには向いていないという結論に達する。そしてやめてしまう。

こういうのがわかりやすい典型例と言えるのですが、この人の場合、何が間違っていたのでしょうか。

まずいちばんの問題は、一向にうまくならないいまのやり方を疑うことなく、そのやり方を踏襲したまま、練習回数の増量という根性論で乗りきろうとした点です。

もうひとつは、ほかにもっといいやり方があるはずだと見当をつけて、探す努力をしなかったことも問題です。まずい方法論をとっている以上、練習量を増やしたところで、疲労がたまって嫌気がさすというのが行きつく先です。

これは受験指導でもよくある話で、とくに受験勉強でこのような悪いパターンに陥ってしまった子どもは、「自分には素質がない」「自分は頭が悪い」と自己否定に走り、よい結果を出すことが難しくなります。あるいは勉強量の問題だと勘違いして、睡眠時間を削って徹夜勉強を繰り返す。睡眠時間を削ったら、ますますパフォーマンスが悪くなるにもかかわらずです。

職場でも同じです。仕事の手際が悪く、求められる成果が出せない部下に向かって、「お前はデキないやつだ」「やる気がないのか」と罵倒するいやな上司が世の中にはいます。しかし、そうではなく「それでは、いまのやり方を疑ってみれば？」とソフトにアドバイスしてあげればいいのです。

いずれにしても勉強、仕事などある目的を達成するための能力がないというより、やり方を考えてみようという発想がないという点が問題ですから、ここを改善していくべきです。望むように成果が出せないとき、「どうせ自分はバカだ」と決めつけるのは非常に短絡的ですし、誰も幸せにはなりません。少し手間でもここは面倒がらずに、いくつかのやり方を探して試すことに時間と労力を向けるべきでしょう。

　努力しているのにうまくいかないというときは、根性論や精神論でゴリ押しすると、メンタルヘルスにも明らかに悪影響を及ぼします。**わたしたち世代がこれからの人生で何かをやろうというときには、「楽しくやる」ことをいちばんの目的にするべき**です。**そのためにも、根性論や精神論ではなく、ラクして楽しくやる方法を検討することがとても大切**になってきます。

　なるべく勉強しないで志望校に合格しようとか、なるべく疲れを残さない形で仕事をこなしていこうと言うと手抜きのように思われますが、ラクをしようと思うことで工夫が生まれるものですし、これがやり方の探求の端緒になるのです。

◉つまらないことはしなくていい――スルーの法則①

この年齢にもなると、何か新しく始めたとき、意欲が湧かない、根気が続かないといった壁にぶち当たることがあります。もちろん加齢とともに脳の機能が低下して、若い頃に比べれば、意欲が湧きにくくなるという変化はあります。

しかし、何でもかんでも「年だからしょうがない」と年齢のせいにばかりしているのも問題です。これが口グセになると、人生１００年時代がとてもつまらないものになってしまいます。

なぜ意欲が湧かないのか、続かないのか？　もしかしたら、いまやっていることが自分にとって本当に楽しいものではない可能性があります。つまらないという本心を無視してやろうとすれば、当然やる気など起きようがありません。

大人の学びは、自分にとって面白くて楽しいものでなければダメなのです。別に学生時代の勉強ではないのですから。

・つまらないことはやらなくていい。
・好きなことだけすればいい。
・得意なことだけすればいい。
・見栄を張る必要はない。

誰にも強制されているわけではありません。自由にやることを選択すればいいだけの話です。たとえば世間には、いわゆる歴史オタクのような人がいます。文献を読んで調べる量というのは、一般の人が考える以上の桁はずれなレベルです。しかし、当人たちはそれが好きで楽しくて仕方がないので、何の苦労でもないわけです。ですから、そういう知ることの喜びを追求する学びもわたしは否定しません。定説を覆すほどの新発見・新解釈をしてやろうという心意気は大いに買います。

しかし、これほどまでではない人の場合、今度は文献に書かれていることを、まるでテスト勉強をするかのごとく、全部覚えなければという方向に走るのです。どう考えても、全部というのは無理な話です。こうなると、次第に何度読んでも覚えられないということにプレッシャーを感じて、楽しくなくなってしまいます。

これと似たようなことで言うと、せっかく楽しい大人の学びを実践しようというのに、あえて苦手なことの克服に突き進むタイプも多く見られます。英会話などの勉強をしている人を見ると、自分の得意なこと、好きなこととマッチして、楽しみながら上達していく人がいます。しかし、その反対に自分に向いていないことに取り組んだ結果、それが好きなのか嫌いなのかもわからなくなって、英会話に対する前向きな気持ちをすっかりなくしてしまうという人もいます。

この例でわかるように、**好きではないこと、苦手なことをわざわざ選んで劣等感をもつより、得意なことを選んで、「自分は結構賢いな」と喜んで取り組めるほうがよっぽどいいわけです。**

たとえば、東大に合格するような人たちの多くは、全科目で満点を取ろうなどということは初めからまったく考えていません。自分の得意な科目をみっちりやって、苦手な科目、伸びない科目にはあっさりと見切りをつけて合計点で合格の最低点をクリアして、栄冠を勝ち取っていくのです。

つまらないことはしなくていい。

これをスルーの法則の第1条としましょう。

◉面倒なことはしなくていい──スルーの法則②

先にコツコツと地道な努力を重ねる根性論について触れました。これをとっかかりに、前項に引き続き語学学習を例に考えてみましょう。

みなさんは今後、英語をはじめとした何らかの外国語を習得したいと思いますか？その目的、理由はどのようなものですか？

わたしが見るところ、理由としては海外旅行で困らないようにとか、国内で外国人に尋ねられたときに対応したいなど、そういう類が多いように感じます。あるいは、学生時代に苦手だったから、今度こそは習得したいという中高年の方もかなりいます。

そこで多くの方が陥るのが「コツコツ根性論」的な取り組みです。外国語を仕事で支障なく使いこなせるレベルを目指すなら話は別です。しかし、人生を楽しくするための語学なら、そういう方法で習得を目指すのは、いささかコストパフォーマンスが悪いと言わざるを得ません。

たしかにいまは、リスニングの学習教材もたくさん出回っています。教室もいろいろとあります。しかし、それを使って学習しても、基本的な日常会話はできるようになるかもしれませんが、踏み込んだ話であるとか、本当に自分が伝えたいことを相手が理解できるように話せるというレベルには、なかなか到達しません。

それならば、いま続々と開発が進んでいる自動翻訳機に任せられるところは任せてしまえばいいと、わたしは割りきって考えています。海外の方ととりあえず言葉を交わすことで得られる喜びを少しでも早く経験するには、コツコツ型の面倒な長い道のりを選択しなくていいわけです。

自動翻訳機は、代表的な言語については、海外旅行で使えるような製品も出ていますし、これからＡＩがもう少し進歩すれば、根性論的な語学学習は必要なくなるでしょう（すでにそうなっているという話もあります）。自動翻訳機を上手に利用すれば、外国人とのやり取りがきっかけで、知り合いができるチャンスも増えるし、楽しい経験のために時間を有効に使うこともできるのです。

面倒なことはしなくていい。

これがスルーの法則の第2条です。らくらく学習は、時間・労力・コストと精神的な喜びを秤にかけて進めていきましょう。

◉自己分析を怠らない——スルーの法則・補足事項

スルーの法則第1条で、つまらないことはしない、好きなこと、得意なことをやるということを示しました。これは一見簡単なようですが、思い込みや勘違いが災いして、うまくできないことがあります。

たとえば中高年向け、あるいは定年した人向けの生き方指南書に、「こんなことを趣味にするといいですよ」「こんな分野の勉強、資格取得がいいですよ」と具体的に書かれていることがあります。自己分析の甘い人は、自分の適性を把握しないで、ついうっかりと手を伸ばすということがまま見られます。

あるいは、そのときどきの世の中のブームに乗って、これがいまの人気だからという理由だけで、何かを始めるということもよくあります。

しかし、あくまでも**自分が楽しく続けられることを追求するなら、まず自己分析を怠らないこと**がルールです。得意不得意の分析とともに、自分がこれまで蓄積してきた知識や経験など、個人リソースを一度整理して見つめることをしてみてください。

これを実際やってみると、自分自身に関して気づかなかったこと、見過ごしていたことなどが明らかになり、これからの方向性を定める手がかりになります。

人生を豊かなものにするには、自分の好きと得意を起点とするのがコツです。

自分の好きと得意を知るために自己分析を行う。

これをスルーの法則の補足事項としましょう。まわりの言っていること、世の中の流行など、他者の意見に考えなしで従うのではなく、自分の適性に従うという姿勢をぜひ大切にしてください。

●他人のやり方を真似する――スキップの法則①

世の中には何ごとにつけ、人の真似をするのではなく、自己流の追求にこそ価値があると考える人がいます。

人の考え方はそれぞれと言ってしまえばそれまでですが、偏狭な無手勝流にこだわることは、わたしにはかなり愚かなことと映ります。

少しわたしの体験談をお話ししましょう。わたしは中学受験をして灘中学に入り灘高校に進みました。中学入学時は173人中5番という、じつに華々しい成績でしたが、次第に授業についていけなくなりました。中学1年生の終わり頃には120番程度にまで落ちました。その後も低空飛行で、ひと言で言えば灘の落ちこぼれになっていたのです。

しかし、将来大学に進むことだけはたしかでしたから、何とかしなくてはいけない。そんな自分を救ったのが、灘高に代々伝えられている「他人の勉強法を真似る」というやり方でした。たとえば数学なら、5分考えて解き方が浮かばなければ、解答を先に見る。そしてそこに書かれている解法を覚える。こうして解法ストックを増やしていき、対応力をつけていくという勉強法を真似て試してみるのです。

こうした勉強の仕方を嫌う人はもちろんいます。「そんなのは本当の勉強ではない。手抜きだ」と。

しかし、いい方法があれば、それをお互い真似して取り入れる。いい方法を知っている人も、ケチケチせずにそれを教えてあげる。こうした関係性のなかで、灘高生は力を高め合っていたものです。

いくら自分の頭を振り絞ってみても、スイスイできてしまう人のやり方を独力で編み出すことは困難です。しかも、自己流の方法論にこだわって、それを考え出すのに時間をかけても、たいしたものは出てこないものです。方法論こそ他人から学べるものなのです。

よくあることですが、デキない人は要領よく課題をこなす人に対して、嫉妬したり卑屈になったりする傾向があります。しかし、そんなつまらない感情にとらわれて、時間だけ費やすくらいなら、できる人のやり方を真似してみる。あるいは、直接本人に「どういうやり方だとそうなれるの？」と聞いてみる。そういう仕方でよりよい方法論を入手するのが賢明の策と言えます。

方法論を編み出すことが目的ではなく、方法論を用いて人生をより楽しめるようになることが本当の目的だという点を、心に留めておいてください。

他人のやり方を真似する。

これを、時間を無駄に費やさずにラクをするためのスキップの法則の第1条としましょう。

◉詳しい人に話を聞く――スキップの法則②

たとえばＡＩのシンギュラリティについて、ひとつ勉強してみようかなと思ったとき、みなさんはどのようなアプローチをしますか？　序章で触れた『シンギュラリティは近い』（ＮＨＫ出版）を読んでみるというのもあるでしょう。テレビ番組を見るというのもあるでしょう。さて、これでシンギュラリティについて十分理解できるようになるでしょうか？

たしかに何かあるテーマについて知りたい、勉強したいというときには、これくらいしか方法はないと考える人は多いかと思います。しかし、往々にして、読んでみたけど難しすぎて理解できなかったとか、番組のポイントがわからなかったという結果になりがちです。こういうとき、もっとも有効な手段は、そのことについて詳しい人に直接話を聞くというやり方です。ひとり難解な本と格闘するより、理解のスピードが格段に違います。

日本人は、直接人からレクチャーしてもらうことをどこかバカにしていて、何が何でも自力で理解に到達しなければいけないという思い込みがあります。「それがインテリとしてのあり方だ」という幻想めいた感覚をもっているのでしょう。しかし、わたしはそういう態度にはあまり賛成しません。

わたしの灘高時代からの友人に中田考《なかたこう》という人がいます。彼はコーラン（クルアーンと読むのが正式だそうですが）の日本語訳を行うなど、日本におけるイスラム研究の第一人者です。いま、わたしがイスラム問題について研究者と議論したとき、話にどこまでもくらいついていけるのは、中田君からさまざまなプライベートレクチャーを受けてきているからです。

わたしは、自分自身で情報や知識に触れることももちろんしますが、日本人にはとくに難解なイスラム問題については、独力では到底理解できるレベルに達することはできなかったでしょう。

しかし、中田君に直接話を聞くことで、ものごとの仕組みや背景、重要ポイントなどが非常によく理解できましたし、よく言われている説以外にもこんな考え方があるという、複眼的な捉え方まで知ることができたのです。

賢い友をもつことは、いかに価値があるかということを体験した出来事でした。中田君のプライベートレクチャーは、彼が何十年にもわたって研究してきたことが凝縮されているうえに、次々に湧くわたしの疑問にも適宜答えてくれるものでした。

これを自分ひとりで習得するとしたら、何冊の本、何年の時間を必要としただろうか。そんなことを思いました。

すべて独力で勉強するのではなく、人に聞く。

これをラクをするためのスキップの法則の第2条としましょう。

これを実現するためには、それなりの交友関係が必要になりますが、さまざまな人的ネットワークを活用することで、スタンダードなレベルにラクに、そして早く到達することが可能です。

◉実践こそ勉強――試行・実験精神①

大人の勉強と言えば書斎にこもってやるものだと思い、実験と聞くと実験室のなかでやるものだと思うのは、日本人の残念なところです。

わたしの名が世に知られるきっかけとなった『受験は要領』（ごま書房）のなかで、「理科の実験の授業なんて時間の無駄だから、そんなものやめてしまって受験勉強でもしたほうがよっぽどいい」と書いて、当時さんざん批判を浴びました。

しかし、わたしに言わせれば、「教科書に書いてあるとおりの器具を使って、手順を守ってやれば、こういう結果が必ず出ますよ」などというものは、実験でも何でもないのです。それは誰がつくっても失敗しないレシピ集と同じだからです。

実際やってみなければ、どういう結果が出るのかわからないのが実験であり、やってみたら、失敗するかもしれないのが実験です。

これは何も理科室の実験に限りません。**人生すべてが実験**と言っても過言ではありません。**机上の理論にとどまらず、実際自分で試してみる。つまり「試行」ということですが、この態度が何よりも大切**なのです。

日本人は机上の学びだけを勉強と考えがちですが、それはあまりにも偏狭な捉え方です。試行精神、実験精神があまりにも欠如しています。そうではなく、「試行・実験を含めて学びと言う」という点を理解し、「世の中には試行、実験しないとわからないことのほうが多いのだ」ということを、ぜひ覚えておいてください。

多くの人は、一度で最適な結果を得られないとき、それを失敗と呼びます。そして、「失敗することは学びなのだ」と思えない人は、なぜかまた同じ失敗を繰り返すのです。失敗したことにこりないから、同じことをしてしまうのでしょう。また、これは考えてみれば当たり前のことですが、人は試行を繰り返すことで成功や成果にたどり着くのです。単に「失敗だ」と言って、そこから次の試行へとステップアップできなければ、失敗地点にとどまるしかありません。

ものすごく簡単な例で言うと、ある飲食店で食事をしたところ、とてもまずかった。失敗することもひとつの学びなのだと思えない人は、もうほかの店を試してみることはないかもしれません。

しかし、ある店で期待どおりの結果にならなかったと言って、金輪際、あらゆる飲食店には行かないという人なんていないでしょう。実際はどんな人でも、ほかの店にアタックしてみるのがふつうです。学びもこれと同じと思っていただければ、試行精神・実験精神も難しいことではないでしょう。

中高年からの学びでは試行精神と実験精神を忘れてはいけない。

第5章の脳の機能と老化、メンタルヘルスについての説明で詳しく取り上げますが、何歳になっても試行・実験精神をもち続ける人は、脳の若さや柔軟性を維持することができます。そういった意味でもこの姿勢を大切にしてください。

●続かないときこそ試行・実験の連続——試行・実験精神②

学びであれ何であれ、いちばんまずいのはそれを続けないことです。

続かなくなってしまう主な原因としては、「スルーの法則・補足事項」で挙げた、自分の好きと得意を知るための自己分析に誤りがある、あるいは何の目的でやるのかという自己動機づけを失敗しているなどが考えられます。

そんなときはまず、原因を探ってみることが大切です。

自分の好きと得意、あるいはリソースにマッチしていないことをやっていたのが原因だったら、自分が楽しんで継続できることを試してみる。自分の特性を無視していきなり難しすぎることをやっているのだとしたら、もう少しレベルを下げたものを試してみる。コストがかかりすぎて続かないなら、ほかのやり方を探って試してみる――こうしたことも試行・実験精神のひとつと言えます。

もうひとつ、続かなくなる原因として、先ほどから取り上げている方法論の選択ミスがあります。日本人は簡単にベストな方法や答えを得たいという気持ちが強いですから、方法論にしても、「これがいい」と太鼓判を押されると、それにいつまでも縛られて別の方法を試すという発想がもてません。

しかし、どんなに偉い人が勧めている方法であっても、自分に合っていないのであれば、さっさと見切りをつければいいのです。うまくいかない方法に執着していても時間の無駄以外の何ものでもありません。別にその偉い人が「この方法をやれ」と強要しているわけではないのですから、躊躇する必要はないのです。

この類の話で言うと、わたし自身がある集団から、猛烈な批判の矛先を向けられた実体験があります。

わたしは、和田式受験勉強法というものを、書籍などさまざまな形で発表してきました。また、志望校別の個別通信指導の運営もしていて、実際、多くの高校生の難関大学合格を実現してきました。わたしの受験指南書を読んだり指導を受けたりして合格を果たした学生にとっては、わたしの受験勉強法がマッチしていたわけです。

しかし、これとは反対に、わたしの受験指南書を読んでやってみたが不合格だったという人のなかの一部が「被害者の会」なるものを立ち上げて批判を寄せてくるのです。

わたしには不思議でならないのです。なぜこの人たちは、自分にもっとも合う勉強法を探し出す努力をしなかったのだろうか、と。初期の本は別として、わたしは原則的に、「和田式受験勉強法がすべての人にとってベストな方法だ」と言うことはありません（若気の至りで、昔に書いた本にはそういう勇ましいところもあった点は反省していますが）。

それでもこのような考え方の人が出てくるのです。少なくとも勉強法というものは、合わなければどんどん方法を替えていかないことには成果は出ないでしょう。

これは、ある方法を唯一無二の方法であると思い込み、ほかの可能性を考えたり試してみたりということをしなかった結果、どういうことになるのかという例のひとつです。

自分にとって最適なものに出合うまでは試行・実験の連続。

中高年からの学びはもっと気軽に考えましょう。自分でいいなと思ったものは実際に試してみる。

そこであまりしっくりこなければ、別の方法をまた試してみる。試してみた方法に改良を加えたりカスタマイズする。こうした試行&実験のプロセスで独自の工夫が生まれるはずです。これでいいのです。

◉自分のリソースを最大限に活用――らくらく学習のコツ①

本書が唱える「らくらく学習」では、「これまでの人生で自分が蓄積してきた知識・経験などのリソースを最大限に生かす」ことを重視しています。こう言われたとき、みなさんはどんなものを自分のリソースと考えるでしょうか？

真っ先に浮かぶのは、「知識・経験のリソース」。現役時代の職業・職種に関連する事柄、職業人としての経験でしょう。序章でも、定年後に現役時代の経験を生かすために、大学で臨床心理学を学ぶ学生を取り上げました。また、人事・労務関係の部署ではたらいていた人が、難関の社会保険労務士を目指すなどの例があります。

このように現役時代の職業的リソースを生かすと言うと、資格取得的なものを想像する方も多いと思いますが、それだけではありません。たとえばＪＩＣＡ（国際協力機構）を通じて、海外派遣されるシニア海外ボランティアなども、個人リソースを最大限活用したものです。

経験のリソースということで言えば、特技も相当します。たとえば子ども時代、絵を描くのが好きで、コンクールにもたびたび入賞するような腕前だったのに、長いこと絵筆には触れていなかったという人も、再開してみたら新たな楽しみを発見できるかもしれません。

まだまだあります。学生時代の専攻分野をリソースとして活用する。以前やりかけて中断してしまったものに再挑戦する。自分自身が受けた治療・リハビリテーションの経験をベースにして活動する。こうしたものも知識・経験のリソースと言えるでしょう。

ふたつめのリソースは「道具としての能力リソース」です。これは、英語などをはじめとする語学力や、ＰＣスキル、文章力など、目的のことを行うための道具として使える能力を言います。

みっつめは「人脈のリソース」です。男性の場合、定年とともにそれまで築いてきた職業関係の人脈がぷっつりと絶たれてしまうことがあります。それは仕事という利害関係によって結ばれていた関係だから、致し方がないと言えばそれまでです。しかし、人生100年時代を生きるには、人脈は重要なリソースです。仕事の利害関係から解放されたのですから、もっと自由に人とつながり、輪を広げることを楽しみながら、上手にやっていきたいものです。

もうひとつ、「環境的リソース」を入れておきましょう。やろうとする取り組みがあっても、地域に続けやすい環境がある程度整っていなければ困難な場合もありますので、確認しておくといいでしょう。こうした**各リソースの状況を洗い出し、ここに「これからどんな人生にしたいのか」「時間や予算はどれくらい使えるのか」「体力や健康状態はどうか」など、加味して考えていくとよい**でしょう。

こうした検討は不可欠ですが、**定年後どう生きるかの方向性を見定めるには、何よりも自分の好き・得意に従うのが大前提**ということをお忘れなく。

●師匠をもつ――らくらく学習のコツ②

序章で取り上げた伊能忠敬。わたしが彼の生き方のなかで強い感銘を受けるのは、自分より20も年の離れた若い天文学者を師匠としたところです。みなさんならどうでしょうか。これから先、師匠を探す努力ができますか？　自分よりどんなに年が離れていようが、その才能と業績を認め師と仰ぐことはできますか？

「ちょっと難しいな」という声も聞こえてきそうですが、**わたしはぜひ、みなさんに師匠をもってほしい**と思うのです。わたし自身、老年精神医学の分野でも精神分析の分野でもいい師匠に出会えたことで一流になれたと自負しています。精神分析の師匠はアメリカの一流の学者ですが、コロナ禍で中断していますが、長い間3カ月に一度、教えを乞いにロサンゼルスに通っていました。

これは、先ほどの「詳しい人に話を聞く――スキップの法則②」にも通じる話ですが、自分が志す道について、わかりやすくガイドしてくれる人がいると、格段に進歩します。そして師匠のもとで精進を積み習得したことが、やがて自分の一部となるとき、それは確実に自信につながります。

ここで言う師匠は、直接会って教えを乞うという関係だけに限りません。直接会うことがかなわない場合でも、自分で「この人を師匠としよう」と決めてしまってもいいのです。著作を読んで感想を送ったり、講演会に足を運んだり、あるいはいまの時代でしたらSNSでコンタクトを取ることも可能です。

いずれの場合でも、「基礎的なこと、根本的なことを丁寧にわかりやすく説いてくれる人であること」「どんな意見にも耳を傾けてくれ、こちらがたとえ稚拙な意見を述べてもバカにせずに、一緒に考えてくれる人であること」「独自の視点をもっている人であること」「世間一般の常識・定説に拘泥しない人であること」を基準に探すといいでしょう。

その際に、単に相手の肩書や地位などで良し悪しを決めないことも重要です。たとえ高名な学者であっても、一流とされる大学の教授や名誉教授であっても、見識張っているだけの質の悪い人はいくらでもいます。また、師匠と言うと、どうしても年上のイメージがありますが、みなさんの年齢からして上の世代は、知識や考え方がすでに古びたまま、何年もバージョンアップされていないような人もいます。

ですから、有名な人で自分より年上ということにこだわらないほうが、むしろいいのです。思いきって、伊能忠敬のように自分よりずっと若い世代に師匠を求めるのも素晴らしいことです。いままでなかなか味わうことのなかった、**新しい知見に触れたいと思うなら、若い師匠を探す努力をしてみてもいい**のではないでしょうか。誰を自分の師匠にするかということは、こちら側の選択眼が試される場面でもあるのです。

◉ロールモデルを意識する──らくらく学習のコツ③

人生の充実度を上げ、楽しく生き抜くために必要なものなのに、ほとんどの人が見落としているものがあります。それが「ロールモデルの設定」です。みなさんは、これまでの人生で自分にとってのロールモデルを意識したことはありますか？

ロールモデルとは、ある役割を担う見本や模範となる人を指します。わたしたちが人生を歩むにあたっては、こうした目標にできる人の存在効果は絶大です。

たとえば、中学生にとってのロールモデルの例ですが、参考になるので少しお話ししましょう。わたしは、「エンジン01文化戦略会議」という団体に所属しています。これは、いま日本の各分野で活躍する表現者・思考者などが結集し、新しい文化風土を醸成するために、全国各地でさまざまな活動を展開することを目的としています。現在は私が幹事長を、副幹事長には作家の林真理子さんや井沢元彦さんらが務めています。

このエンジン01では毎年1回、地方都市でオープンカレッジという大きなイベントを開催します。ある年、鳥取県で開催されたオープンカレッジで、わたしは大会委員長を務めたのですが、当時、エンジン01のメンバー200人以上のなかに、鳥取県出身者はいませんでした。しかし、鳥取県について調べてみれば、水木しげる先生をはじめ青山剛昌《あおやまごうしょう》先生など、著名な漫画家を輩出している県ではあるのです。

もちろん人口が少ない県ですから、メンバーになる人が少ないということはあるでしょう。しかし、「それにしてもメンバー0人とはどういうわけだろうか?」「もしかしたら、鳥取の子どもたちの身近なところに、将来像を描くためのロールモデルが少なかったからではないか」と感じました。

そこで企画したのが、「中高生のためのハローワーク」でした。メンバーの小説家、作詞家、脚本家、評論家などさまざまな分野の達人をそろえ、県内中学生を対象に、無料で将来の夢を実現するための講習会＝ハローワークを開催したのです。

子どもたちは、「どうやったらそういう仕事ができるようになるのか」と、興味津々で質問を浴びせていました。子どもたちが人生で初めてロールモデルと出会う瞬間――生き生きとした嬉しそうな表情から、人生において、いかにロールモデルというものが大切なのかということを痛感した出来事でした。その後も、オープンカレッジを行うたびに、このイベントは引き継がれています。

わたしたち大人も、あの鳥取の子どもたちと同じです。**ロールモデルはさまざまな人に夢を与え、方向性を与え、才能を引き出す存在です。生きていくうえで大いに刺激を受け、歩む道の目標や憧れの対象となる人を見つけることは、自身の充実にも幸福にもつながる**のです。

わたしにとっての大切なロールモデルは、『「甘え」の構造』（弘文堂）で有名な精神分析家の土居健郎《どいたけお》先生です。先生は、欧米で基礎が築かれた精神分析を日本人にそのまま適用するのではなく、日本人に最適な形にアレンジするということを試み続けた偉大な学者です。先生が活躍されていた時代の日本の精神医学界は、フロイトの学説をそのまま受け売りしているような状態でした。それに異議を唱えたのが土居先生です。ご高齢になってもなお、意欲的に研究に邁進された先生の姿は、わたしにインパクトを与え続けました。

わたしは幸いなことに、人生の折々で重要なロールモデルに出会うことができました。学生時代に出会った小室直樹先生からは、肩書に頼らず、自分の思考で勝負するという生き方を学びました。

そのような経験からも「この分野には、どんな素敵な人がいるのだろうか」、そんなことにワクワクしながら生きるのは、とても楽しいことだと確信しています。

◉「とりあえず検索」のクセをつける——らくらく学習の流儀①

このらくらく学習では、知識注入に偏重した従来の勉強法ではなく、思考とアウトプットを重視した、新しい観点での学びを提案しています。しかし、だからと言って、知識がまったくいらないかと言えばそうではありません。前に述べたように、基本的な知識は思考の材料として不可欠であるという点はしっかり押さえておきましょう。

　現代は次々に新しい情報が登場します。政治にしろ経済にしろ、国際情勢にしろ、昨日まで知らなかった言葉や概念に遭遇することが少なくありません。そうしたとき、意味を知らないまま曖昧にやり過ごすのではなく、とりあえずネット検索してみる。それによって、新しいニュースや情勢のポイントをその都度、把握するということを習慣づけておきましょう。

　ただ、**検索して知ったことすべてを記憶しなければいけないという強迫観念は捨てましょう。**表現が適切かどうかわかりませんが、**「概要を知って当座をしのぐ」というスタンスで十分**です。ひとつのことに限定して細部まで深掘りするより、最初に調べた事項の関連用語や、ほかの観点に立った説を調べるなどして周辺情報を増やしていくほうが、視野が広がって思考の手がかりとなりやすいのです。

　そうやって検索してもよくわからないというときは、「詳しい人に話を聞く──スキップの法則②」を思い出してください。当座をしのぐために意味がわかればいいのですから、手っ取り早く人に聞いてしまってもかまいません。

また、スマホの辞書機能で語義を調べる機会も結構あると思います。多くの人は、知りたい語の意味だけを読んですませてしまいますが、必ず用例にも目を通して、言葉の使い方をチェックするようにしましょう。

●成功こそ分析して再現性を高める──らくらく学習の流儀②

「失敗は繰り返すな」とわたしたちはよく言います。しかし、そのわりに本当に失敗を反省して、二度と同じことは繰り返さないということが、なかなかできなかったりするものです。

また、「経験から学ぶ」という言い回しもよく使います。この「経験」のなかには成功も失敗も含まれます。いつも**わたしたちは「学ぶのは失敗から」と思いがちですが、それに劣らず大切なのは、「成功から学ぶ」という姿勢**です。しかし、実際のところ、何かに成功したとき、その成功要因をきちんと分析し把握するという習慣をもっている人は少ないのです。

成功要因を分析することによって、成功の再現性は高まります。逆を言えば、なぜ自分は成功したのかを把握できていなければ、それは成功というより、たった１回のまぐれでしかありません。

成功要因の分析は、自分の経験だけを対象とするものではありません。たとえば何かを究めようと思ったとき、自分より先を行く人たちの成功要因をきちんと分析してみる。この分析から学び得たものはもちろんのこと、分析過程における思考そのものが、ひとつの財産になるのです。

以前、作詞家の売野雅勇《うりのまさお》さんと対談したことがあります。売野さんはまだ駆け出しの頃、１、２曲はいい詞が書けるのに、それ以上となるとなかなか難しかったそうです。

時代で言うと１９７０年代後半ですが、当時作詞家として大ヒットを飛ばしていたのが阿木燿子《あきようこ》さん。わたしたちの世代にはおなじみのダウン・タウン・ブギウギ・バンドや山口百恵さんの作品など、数多く手がけていました。

そこで、売野さんは「阿木さんの歌詞の素晴らしさはどこにあるのか、どうしてそれがヒットにつながるのか」を徹底して分析したそうです。

それは単に一般的な作詞技法や知識を学ぶというより、成功者である作詞家の言葉の使い方、サビの表現などを読み込んで分析するというものだったと言います。その成功要因の分析が奏功して、ついに1982年に中森明菜さんの『少女A』で、大成功を収めたのです。

これからみなさんは、さまざまなことに取り組んでいくことでしょう。そこでは失敗することもあれば成功することもあります。

「失敗から学ばない人は一生賢くはなれない」

「成功から学ばない人は、運がよければ、まぐれでまた成功することがあるかもしれない。ないかもしれない」

これに対し、

「自分の成功要因、他者の成功要因を分析して自分の力にできる人は、確実に上達し賢くなれる」

このことを忘れないでください。

◉過去の頭のよさは将来の頭のよさを保証しない
――らくらく学習の流儀③

世間では人物を評するとき、かつてその人がいかに秀才だったかとか、トップクラスの難関大学を卒業しているとかいった、過去の頭のよさを拠りどころとすることが多々あります。

あるいは、自分自身について語るときも、「俺は高校時代は３年間、学年トップテンに必ず入っていた」とか、「まぁ自分は一般入試で難関大学に入ったから」といった具合に、かつての自分の能力実績を根拠とすることがあります。

わたしは常々、こうした過去の能力を誇らしげに語る人を苦々しく思ってきました。人物を評価するとき、いま現在のその人を客観的に見るのではなく、何十年も前の成績を引っ張り出して「この人は賢い」と納得する人には感心できません。

ひと言で言えば、かつての成績や能力は過去のもの。いくら昔、頭がよかったとしても、そのことに慢心して、その後、頭を磨く努力を何もしてこなかったような人は、別に賢い人でも何でもありません。

東大を出たら一生賢いことが保証される。東大教授であれば一生賢いことが保証される——多くの人はそう考えます。みなさんがもしそう考えているとしたら、それは間違いだということをここで理解してほしいと思います。人生の一時期、仮に頭がよかったとしても、それは固定的なものではありません。むしろ東大を出てから胡坐《あぐら》をかき続けてきた人よりも、名もない大学を出てからいまに至るまで、学ぶ努力、思考する習慣を継続してきた人のほうが知性的であり、はるかに賢いのです。

「いまも、そしてこれからも頭を使い続ける人こそ賢い」

この認識をもてれば、しめたものです。

●基礎学力としての読解力を磨く——らくらく学習の流儀④

わたしは基礎学力信奉者です。基礎学力は学生に限らず、どの年代にも不可欠な能力要素だと思っています。読み書きそろばんと言いますが、読解力と計算力、最低限の数学的思考能力がわたしの言う基礎学力です。

このうち、とくに**あらゆる学びの基礎となるのが読解力**です。ふつうに日本語をしゃべって、日本語で読み書きしているからと言って、その人に読解力が備わっているとは限りません。大人なら誰でも文章を正確に読解できるかと言えば、決してそうではありません。本人の自覚はないかもしれませんが、読解能力のレベルを調べれば、かなりの差が出るでしょう。

なぜ、大人の学びで基礎学力としての読解力の有無が問われるのか。

それは、**たしかな読解力がなければ、どんな情報に接しようと論理展開の筋を把握できず、内容を的確に理解することはできないから**です。理解できなければ、それを思考の材料とすることもできません。また、文章を読んだときにも、「著者はこう言っているが、自分は理解できる・できない」ということすら判別できず、文字面だけを流し読みするだけになってしまいます。

いまはさまざまな健康情報が飛び交っていますが、間違った情報から自分自身を守りたいと思うなら、読解力をもたなければ不可能です。病気の治療を受ける際、医者の説明や医学知識を理解するにも、読解力がなければついていけません。また、巧妙につくられたフェイク情報の真偽を見極めるにも、まずは読解力が求められます。**読解力の有無が、情報を理解して使える人と情報に騙される人を分けていく**のです。

これから先、ＡＩがますます進化して、どんな難解な情報でもわかりやすく説明してくれる仕組みがつくられるかもしれません。しかし、たとえそうなったとしても、その仕組みを使って、子どもがものごとを理解できるかと言えば無理でしょう。それは基礎学力である読解力が、まだ十分に備わっていないからです。

大人のなかにも、自分が気づいていないだけで、十分に読解力弱者である可能性のある人もいます。

ですから、自分は大丈夫と安易に思い込まず、読解力を磨く努力を続けてください。これをするかしないかで、人生も相当違ってくるのは間違いありません。この項目とあわせて、第１章でリテラシーについて説明した部分を、ぜひもう一度読み返してみてください。

◉基礎学力を学び直す──らくらく学習の流儀⑤

基礎学力は大切だというお話をすると、決まって「それではいまから基礎学力の学び直しをしたほうがいいのか」という質問を受けます。

本書の読者のみなさんの年齢を考えると、学生時代に習得した基礎学力は相当にたしかなものであるはずです。前にも触れましたが、いまの50代60代の人たちは、じつはいちばん日本の教育内容がハイレベルな時代を通ってきています。

ですから、すべての教科に関して、何でもかんでも小中学校レベルから学び直すということまでは、しなくてもいいと思っています。もちろんこうした形の学び直しをするかしないかは個人の自由ですが。

しかし、そんな年代層であっても、能力が不足していて学び直しが必要になるのは、前項で取り上げた読解力です。もし**読解力に不安があるなら、試しに中学受験用の国語の問題集をやってみる**といいでしょう。基本的な論理展開や論旨要約、接続詞理解などのトレーニングになります。もう少ししっかりと読解力をつけたいなら、高校生向けの小論文問題集もお勧めできます。

あと意外に思われるかもしれませんが、旅人算や差集め算、仕事算、流水算など、中学受験に出てくるような算数の文章題を解く力は、じつは読解力と密接にかかわっています。つまり、これらの文章題は、ある設定の話を数式に置き換えるという作業ですから、これは手軽にできる大人の読解力トレーニングとして非常にいいと思います。

いずれにしても、基礎学力の学び直しの際は、教科書そのものを入手して行うのではなく、中学受験用などの参考書や問題集をうまく活用して、トレーニング回数を積むほうが効果的です。

●書斎にこもる勉強スタイルはやめる――らくらく学習の流儀⑥

定年前後の男性を見ると、何ごとも型から入るという人がかなりいます。「これから何か勉強しようかな」と考える人は、まず自分の書斎をつくろうかという方向に行きがちでしょう。しかし、「定年・書斎・独学」という3点セットは、いささか古すぎる考え方かもしれません。

とくにこの本でわたしが提唱しているらくらく学習は、何度も言っていますが、従来の知識注入型勉強に偏重することを良しとしていません。書斎にこもりきって自分だけの閉じた世界をつくり上げるのではなく、**「もっと外に出よう」「もっと人と会って議論を重ねよう」「もっと多彩なアウトプットを楽しもう」という考え方が肝心です。**ひとりっきりでコツコツ知識をため込むだけが勉強ではありません。

ですから、もっとフレキシブルに、ラクして楽しい「らくらく学習」のスタイルを見出してほしいと思うのです。定年後の時間は長いのです。もちろん家で自分の落ち着ける空間をもつことは悪いことではありません。しかし、書斎のようなものをつくったことで、自分をそのなかに縛りつけてしまうようなことだけは避けるべきです。**一歩外に足を踏み出せば、そこはらくらく学習の宝庫。**観察のネタはたくさん転がっています。さまざまな関心、興味、好奇心を伸ばしていけるような環境を、ぜひ見つけてほしいと思います。

第3章

人生後半を豊かにする！
自由で柔軟な「のびのび思考」

◉中高年こそ自由で柔軟な「のびのび思考」を習慣にする

序章を少し振り返ってみましょう。ここでわたしは、次のようにお話ししました。

「新時代の不安と言っても世の中なるようにしかならない。ただ、変化が起きたときに、それに適応するために不可欠な柔軟な思考力があるかどうかということと、変化に直面したときフレキシブルに対応できるように、日頃から考えるクセを身につけているかどうかが重要である」

「生きている限り昨日より今日、今日より明日のほうが賢く頭を使えるようになることにこそ、意味がある」

わたしたち大人が学ぶ究極の目的とは、世の中の事象、他人の言説に盲従するのではなく、自らの頭で思考する力を涵養《かんよう》することにあります。また、**思考を習慣にすることによって、脳の機能の低下を効果的に防ぐことができる、つまりボケ予防**という、ありがたい特典があります。

本来、思考とは知識を材料として行われるわけです。ですからその理屈から言うと、さまざまな現象に遭遇したとき、既存の知識とのズレやぶつかり合いが起こって、それが思考の契機となるはずです。そして、ものごとを鵜呑みにせずに、知的に疑うことができるはずです。

中高年世代は、学生時代から今日に至るまでに蓄積してきた知識量は、十分なものがあります。わたしたちより**下の若い世代に比べ、思考材料を多くもっているという点で、大いに思考力を発揮できる**はずです。

ところが、いくら人生を長く生きてきても、思考することが習慣になっていない人は、矛盾も疑問も感じることができません。自由な発想も期待できません。

変化の多い時代を生きるうえで、リスクヘッジの根拠となる判断力も思考の産物です。ですから、思考力がなければ、変化がもたらす状況にその都度、柔軟に対応することは難しくなります。

みなさんは、自分自身を振り返ってみてどうでしょうか？　日常的に思考していますか？　自分の頭で考えることが習慣になっていますか？

この第3章では、自由で柔軟な発想を大事にする「のびのび思考」について、さまざまな角度から取り上げたいと思います。

●日常は思考のきっかけに満ちている

いきなり思考、思考と言われると、「何かとても高尚なことを、時間をかけてうなりながら考えなくてはいけないのか」と思ってしまう人もいるかもしれません。

しかし、本書は中高年からのラクして楽しい学びを提唱するもの。ここで言う思考とは、何も途轍《とてつ》もなく難しいことを考えろと言っているわけではありません。もちろんニュースや書籍などをもとに専門的な分野について考えることもあるでしょう。しかし、**まずは、日常生活を送るなかで感じる、些細な違和感を思考の契機として大切にしてほしい**と思います。

たとえば第1章で何ごとも「そうだったのか」と鵜呑みにしてしまう傾向を批判しました。大切なのは、テレビで有名人が語ることを「そうかそうか」と聞き流すのではなく、「あれ？　それって本当かな」「何か違う気がするけど？」といった具合に、「？」の感度を高めていくことです。

いまと比べて昔は、よくテレビに向かって「本当かよ？」「何言ってんだ」「現実は違うだろ？」とツッコミを入れる親父さんがたくさんいた気がします。ある意味、それは屁理屈ではあるのですが、じつはこうした屁理屈が、頭の思考回路を開拓する役目を果たしているのです。

わたしなどは年中、さまざまなことにツッコミを入れつつ、考えるきっかけにしていますが、それが思わぬ発想や新しい仮説に結びついて、いい頭の体操になっているわけです。何気ないことかもしれませんが、そうした習慣をつけていかないと、何を見ても聞いても、「データの裏付け」「説の根拠」「論理の妥当性」について疑問を抱かず、関心も湧かず、次第に脳は反応しなくなっていってしまいます。当然、脳の老化は進行します。明け透けな言い方をすれば、加速度的にバカになっていくわけです。

「考えろ、考えろと言ってもそんな時間はない」と言うかもしれません。

しかし、特別な時間を設けなくても、考える習慣を身につければ、いくらでも考えることはできるのです。

車を運転していれば、「ここに左折信号をつければ、もっと流れがよくなるじゃないか」と思い、福島で海岸線に沿って新しい道路がつくられているのを見れば、「津波が来たときに内陸にすぐ抜けられるような道を、もっとたくさんつけたらいいじゃないか」と思うように。渋滞に巻き込まれたときなど、あれこれ考えを巡らせていると意外にイライラせずにすむものです。

そういう些細な思考に対して、人は「くだらないこと考えているな」と言うかもしれません。しかし、**みなさんに言いたいのは、一見くだらなそうな思考であっても、それを見下さないでほしい**ということです。

よく世間では、「あの人にはひらめきの才能がある」というような言い方をすることがあります。しかし、どんな人でも、何もない真っ新《さら》な状態の頭に、突然ひとつの輝くひらめきが降ってくるわけではありません。もし降ってきたとしたら、それは才能ではなくまぐれです。

これはもう確率論的な話になってしまいますが、1000個のくだらなそうな思考をすれば、そのなかに必ずひとつやふたつは、本当に使えそうなアイデアが含まれているものです。１０００個も考えられないと言うかもしれません。しかし、１日２、３個、一見どうでもいいような思考を繰り返せば、１年でそのくらいの数になっています。

「何か高尚なことを考えなければ」とか、「確実に使えるアイデアを考え出さなくては」などと変に意識すると、かえって何も出てこなくなります。ここは**気持ちをラクにして、屁理屈をこねたり、くだらなそうな思考を繰り返していると、やがて思わぬ成果が得られるはずです。自由に柔軟に考えていきましょう。**

●ＡＩ時代に必要なのは問題解決能力より問題発見能力！

これからの時代、ＡＩの進歩がますます加速していくなかで、より重要度が増していくのが、人間の思考力です。

ＡＩ技術に人間の領域が侵されることを心配する向きもありますが、人間が人工知能の知識・情報量や演算速度に負けることはあっても、思考力の面で負けるということは当面はないとわたしは考えています。思考力のなかでもとくに人間特有の、つまりＡＩが苦手とする、高度な知的能力である、問題発見能力を磨いていくことは重要と言えます。

思考力とひと口に言っても、思考の目的によっていくつもの種類に分かれます。たとえば、ビジネスシーンなどでよく耳にしてきた問題解決能力。この問題解決能力は、認知心理学の世界では頭のよさ、賢さの目安とされています。

どういうことかと言うと、ある問題を解決するためには、既存の知識を加工・応用して推論をしていく必要があります。ただ知識をもっているだけではなく、それを生かし思考を深めるという能力の高低が、頭のよさの違いを生むという考え方です。

以前は、世の中でこの問題解決能力が非常に重要視されてきました。わたしも当時はそのとおりだと思っていました。しかし、時代が移りゆくなかで、「問題解決能力だけでは不十分なのではないか」と考えるようになったのです。実際こちらのほうは、ゆくゆくＡＩが人間を超えていくでしょう。

また、従来の問題解決能力では、「じゃあ、その問題は誰が見つけてくれるの？」「誰かが、ここに問題がありますよと教えてくれるの？」という基本的なところに答えるものではありません。

問題解決能力を発揮するには、そもそも問題があるのかどうか、その問題はどういったものなのかを見出さなければいけないわけです。ここで問題発見能力の差が現れます。気づきの感度がよい人は、そこに問題を見出すことができますが、感度の悪い人は何を見ても問題を見出すことはできず、素通りするばかりです。

問題を発見できなければ解決に向けての思考がスタートしない。

問題はつねに他者から与えられるわけではない。

受け身的に与えられた課題について考えるだけでは、新しいアイデアも仮説も生まれない。

問題発見能力によって、これまで誰もが見落としていたところにこそ、真の問題が存在していることに気づくことができる。それがその人独自の着眼点ということになるのです。

この点に留意して、**みなさんそれぞれの独自の発想力、創造性を存分に発揮してほしいと思います。ぼんやりと日々をやり過ごすのではなく、ぜひ気づきの感度を高めていきましょう。**その手がかりは、次項で述べる『ドラえもん』です。

◉「こんなのあったらいいな〜」と思うことから始まる

第1章で『ドラえもん』の世界を貫く「こんなのあったらいいな〜」の自由な発想力について取り上げたのを覚えているでしょうか。前項で触れた**問題発見能力を磨くには、まさに「こんなのあったらいいな〜」のレベルから始めればいい**のです。

みなさんは、当たり前に感じている日常生活のなかに、不便を感じることはありませんか？　そこにはどんな問題がありますか？　こんなことはもっとラクにやりたいと思うことはありませんか？　自分の身のまわりでどのような「こんなのあったらいいな〜」を見つけることができますか？

2015年にCEATEC JAPAN（IT技術およびエレクトロニクスの国際展示会）

で発表され、世界中で話題を呼んだ全自動衣類折りたたみ機「ランドロイド」のニュースを覚えておられるでしょうか。投入された衣類をＡＩで認識し、たたんで所定の位置に仕分けするというものです。まだ衣類を洗って乾燥させるという機能は付帯していませんが、将来的には洗濯から収納までを可能にすることを目指しているそうです。「人手をかけずに、衣類をたためたらいいな〜」「ついでに洗濯から仕分けまで全部してくれればいいな〜」という、「あったらいいな〜」的発想に基づいて開発が進められた典型と言えるでしょう。

たとえば、こんなものはどうでしょうか。キッチンの冷蔵庫はうっかりしていると、いつ買ったものかわからない食材や、いつ開封したのかわからず、ふたが固まってしまった瓶詰調味料などがいくつも増えてしまいます。

それなら購入した食材を収納する際に、冷蔵庫自体が食材についているコードを読み取って購入日を記録したり、開封日を記録して液晶に表示する。これならお金も食材も無駄にすることなく、使いきることができるようになるかもしれません。さらに発展的に考えて、遠い土地で独り暮らしをする老親宅の冷蔵庫と子世帯の端末とでデータを共有し、食材購入サポートや健康管理につなげるということもあり得るかもしれません。

あるいは、スマホ・ガラケー一体型端末。いつもスマホを使っていて思うのは、電話やメール機能の使い勝手は、いわゆるガラケーのほうがいい。何でもスマホ1台に詰め込むから、トラブルの原因になるのではないか。大事なときに、本来の機能である通話やメールがうまくできないことは誰もが経験したことがあるでしょう。そんなところからあれこれ考え始め、オモテ面はスマホ、ウラ面はガラケーのような一体型のものを誰かつくってくれないかなぁというところに行きついたのですが、いかがでしょうか。仲間内では結構、受けがいいアイデアなのですが。

いま例に挙げた「あったらいいな〜」は、一見すると、手抜きの願望とか荒唐無稽な空想に思えるかもしれません。

しかし、**思考を発展させるためには、むしろ手抜き願望でも何でもいいから、とにかく考えてみるという姿勢をバカにしないこと**です。

◉のび太とドラえもん、ＡＩ時代に成功するのはどっち？

『ドラえもん』のなかで、のび太はつねに「こんなのあったらいいな～」「この難題を切り抜けるために、あんなのあったらいいな～」と考えています。つまりのび太は問題発見者であり、要求をドラえもんに発注するクライアント。対するドラえもんは、要求に応え、問題解決を担う技術者という位置づけになります。

さて、これからの時代、成功するのはのび太型とドラえもん型、どちらでしょうか。ぱっと見は、四次元ポケットから次々に品を出す、ドラえもんのように思えるかもしれません。

しかし、優位に立つのはのび太型です。ドラえもんは言わば「あなたの夢、叶えます」を生業にしているわけですが、そもそも「あなたの夢」がなければ失職してしまう。このことからもわかるように、**ものごとを生み出す源泉となる「わたしの夢」を見出せるかどうか、つまり問題発見できるかどうかは大きな問題**です。

かつては日本は技術大国を名乗り、技術者視点でものを考える国でした。ですから他国より技術力は優っていましたが、発想力では劣るということがよくありました。あるいは、仮にいくらユニークな発想をしても、現代に比べれば実現する技術がまだ乏しく、結局、既存の技術で実現可能な発想にとどまることも多かったのです。

しかし、いまはＡＩの時代。人工知能はわたしたちが考える以上に、さまざまなことに対応し、人の発想を実現していきます。そういう意味で、かつては技術者に相談しても、「そんなの無理」と却下されていたような「あったらいいな〜」を、どんどん形にしやすい時代になりつつあるとも言えるのです。言い換えると、発想と技術のギャップが相当に縮まってきているのです。

「まずはのび太が考えて、あとはドラえもんにお任せ」にならって、**「まずは人間が考えて、あとはAIにお任せ」。そのくらいの感覚で、発想を楽しめばいい**とわたしは思います。

スティーブ・ジョブズという経営者は、こういうのび太型経営者の第1号と言えるかもしれません。

◉脱・男性社会的発想で成功したアート引越センター

実在の人物のなかで、「あったらいいな〜」を次々と実現し、事業を拡大してきた方をひとり挙げるとすると、アート引越センター創業者の寺田千代乃さんが真っ先に浮かびます。

寺田さんは20代の初めに運輸業を営むご主人と結婚されました。その運輸会社を母体として、１９７０年代半ばに、わが国の専業の引っ越し取り扱いサービス業の第１号であるアート引越センターを設立します。

このとき寺田さんの発想のもとになったのが、折しもオイルショックで仕事が激減していた状況下で、「自分たちにある車と運輸業の人材を活用してできることは何か？」ということでした。実際、業務を始めてみると、寺田さんには引っ越し業がとても面白かったのだそうです。

アート引越センターでは、さまざまなお客さん目線のサービスを提案し続けてきました。たとえば、利用者の年齢や生活形態ごとに特化した引っ越しパック、新居に運び入れる家具のクリーニング、それまで業者が土足で新居に入っていたのを改め、靴下を着用して行う作業スタイル。

こうしたものをはじめ、じつに細やかな発想で、お客さんが「こんな引っ越し業者さんだったらいいな」「こんなサービスがあったら助かるな」と思うものを次々に実現してきました。それはまさに引っ越し取り扱いサービス業のフロンティアと言えるものでした。

寺田さんは高校も大学も出ていません。しかも、引っ越し業に関してはまったくの素人でした。しかし、こうした経歴であったからこそ、既存の知識にとらわれずに、自らの日常感覚を大変有効に生かして考えることができた、と言えるのかもしれません。

さて、わたしも含め、男性は寺田さんから何を学ぶべきなのでしょうか。

たとえば、先ほど触れた清潔な靴下着用のサービス「クリーンソックスサービス」にしても、それまで完全な男性社会であった引っ越し業界では、土足に何の問題も感じていなかった。そこへ寺田さんという女性が登場し、また、利用者に単身女性も増えてきたこともあって、「何で真っ新な新居に土足で上がるのかしら。汚れるのはいい気持ちはしないし、床掃除の手間がまた増える」という問題が顕在化する。そこで「じゃあ、きれいな靴下をはいて作業しましょうよ」と寺田さんは考える。

こうして、そこにある問題を発見し、利用者の「あったらいいな〜」に共感し、形になったわけです。男性なら、「引っ越し作業で新居が汚れても、そんなこと、しょうがないだろ」で終わっていたはずです。

わたしは常々、女性には男性がかなわない、独特の柔軟な発想力があると感じています。また、「こうなりたい」「こんなものが欲しい」「こういうふうにラクをしたい」といった、素直な願望を抱くことができます。こうした特性があるからこそ、消費社会の牽引役として、男性よりも重宝されるわけです。

男性はどうしてもものの見方、考え方が硬直しがちです。多かれ少なかれ、男性は従来型の男性中心社会の発想が染みついています。また、過去の知識の枠組みや前例に縛られがちです。だからこそ、女性の発想に触れ、刺激をもらうことも、ときに必要だとわたしは思うのです。

ひとつ言えることは、男性社会的発想は、これからの時代、あまり役に立たなくなる可能性が高いのではないかということです。少なくとも消費不足を解消するための消費を刺激するようなアイデアは、女性の感性と発想力なくしては、発展は望めないと言えるくらいです。

昔から、男性は生産する人、女性は消費する人だったわけですが、**いまは消費が足りなくて生産があまっているのですから、生産性を上げるより、消費を増やす発想のできる人のほうが役に立つ**のです。旧態依然の男性的発想に凝り固まっている組織（こういう組織は生産性を上げることばかり考えて、女性の消費者の視点をあまりもち合わせていません）は、衰退を免れないと考えるのが妥当でしょう。

◉唯一不変の答えを求めない——思考の幅を広げるコツ①

ここまで「あったらいいな〜」を手がかりに、柔軟な思考について取り上げてきました。ここからは、さらに思考の幅を広げるコツについて、ポイントをピックアップしてお伝えしたいと思います。

まず、ひとつめは、「答えを求めない態度」です。

わたしが思うに、日本人は誰かに「これが唯一不変の正しい答えですよ」と指し示してほしいという願望が強いように思います。無意識のうちに、「唯一不変の正しい答えがあるはずだ」という思い込みがあるからこそ、答えが与えられない状態や不確定な状態、いわば宙ぶらりんの状態に耐えられない。

ですから、マスコミが垂れ流す説の真偽もたしかめず、安易に飛びついてしまう。有名人が言っていることなら安心できると感じて、盲従してしまう。自信に満ちた強い口調で「この道しかない」と断言する政治家なら信ずるに値すると考える――こうした「考え不精の正論好き」人間であふれています。

また、思考そのものの目的も、「この世には唯一の正しい答えがあるはずだから、それを探し当てることが考える目的だ」と思い込んでいる人も多くいます。

しかし、この世には唯一不変の正解があるはずだと思うことも、人に答えを与えられることを欲するのも、思考は正しい答えにたどり着くためのものと考えるのも、残念ながら知的成熟度が低いと言わざるを得ません。

そもそもつねに変化を続け混沌としている世の中が、たったひとつの答えですっきりと片づくはずはないのです。変化に応じて答えは生生流転、変化し続けます。そして、「妥当性の高そうな暫定的な答えは、同時に何種類も存在する」という当たり前のことを、ぜひここでしっかり認識してほしいのです。

学びの目的は、唯一不変の答えを求めることではなく、ものごとの捉え方にはさまざまな可能性があることを知ることにあります。

たったひとつの正解に見える言説は、たくさんの可能性のなかのひとつの考え方にすぎません。ですから、「これぞ正解」「これぞ正論」「ひとつの答えを得たからこの件はゴールに到達した」などと信じて疑わない人は、わたしには愚か者にしか見えません。

恐ろしいのは、いったん「これが正解だ」と思い込むと思考停止してしまい、それ以上、踏み込んで検証しなくなってしまうことです。そのため、たとえそれが妥当性が低い説であっても、矛盾を含む説であっても、熱烈に支持してしまうのです。こういったタイプの人たちは、鵜呑みにした時点でそれ以上、考えもしなければ調べもしないわけですから、知的レベルは決して高くはなりません。

ひとつ例を挙げましょう。この国では弱者たたきといういやな風潮が根強くあります。とくに２０１２年頃、芸人の親が生活保護費を不正受給していたのではないかという問題が発覚し、ここでますます生活保護たたきに火がつきました。たたく側の多くが「はたらかざる者食うべからず」などと平気で言うのはいまも変わりません。

しかし、たたく人間は制度のことも正確に知らず、生活保護受給者がどのような暮らしをしているのか、どのような苦労を抱えているのかも知らない。しかも、「はたらかざる者云々」という一節は、ロシア革命時代のレーニンが不労所得者である地主、つまり富裕層に対して発した言葉であって、決して生活困窮者を追い詰めるために言った言葉ではないということすら知らない。日本は先進国中、ＧＤＰに占める生活保護費の割合が最小レベルであることを知らない――とにかくお粗末極まりない、中途半端な自己満足的な思い込みでしかないのです。ものごとを探求しようとする努力の片鱗も見えません。

生活保護がもらえるなら誰もがはたらかないと言いますが、その金で満足な生活ができないと思う人は、なんとかはたらき口を探したいと思うでしょう。ＡＩ時代になって、単純労働はみんなロボットが取って代わることで、世の中の人間の半分は仕事を失うようになって、ベーシックインカムで生活するという話になった際に、多くの人は何でもいいからはたらきたいと思うかもしれません。そもそも、消費が足りなくて、生産があまっている時代には、生産をしないで消費をしてくれる生活保護の受給者はありがたい存在かもしれないのです。

唯一不変の答えを求めるという姿勢は、結局、自らの思考の幅、思考の可能性をどこまでも狭めていくことにほかなりません。そして行きつく先は思考停止です。それは本書が目指す生き方とは真逆に向かう考え方なのです。

・この世に唯一不変の答えはない。
・唯一不変の答えを得ることを目的にしてはいけない。
・答えを得たことに満足して思考停止してはいけない。

まずは、この3点を押さえておきましょう。

◉異論・反論・極論に多く接する――思考の幅を広げるコツ②

前項で唯一不変の答えを求める愚についてお話ししました。こういう話を聞くと、「そんなふうな知的レベルの低い人間にはなりたくないな」と思われるでしょう。ではどうすれば、愚か者への道を歩まずにすむでしょうか。

それには、**自分の考え方や自分が信じる説とは主張が異なる異論反論、ある問題についての真っ向対立する両極に位置する極論に、積極的に耳を傾けることです。**

だいたい多くの人は、いま自分が信じている説について、それに満足し安心していられると、異論反論があることも知ろうとせず、また、たとえ異論反論が耳に入ってきても、ノイズ扱いして無視を決め込みます。

たとえば医療の世界ではさまざまな常識や定説、正論が存在します。ものによってはもはや伝説化してしまって、それを多くの人が疑うことなく盲信しているのが現実です。

みなさんは、健康診断でコレステロール値の異常を指摘されたことはありませんか？　あると答えた方は、おそらく病院でメバロチンやリポバスなど、血中コレステロール値を減らす治療薬を処方されているのではないでしょうか。

日本の医者はコレステロール値が高いとすぐに薬で下げたがります。これは「コレステロールが正常値の範囲を超えるのは悪としましょう」という徹底した考え方があるからです。そして、多くの人はこれを正論として信じ込まされているわけです。

たしかに欧米での治療実績を見ると、治療薬でコレステロール値を下げると心筋梗塞の死亡率が多少は減ります。しかし、東京都小金井市で過去15年間追跡調査をしたところ、コレステロール値が少し高めの人のほうが長生きしているという結果さえ出ています。

日本の患者さんは医者の言うことに従順で異論反論に疎いので、病院や製薬会社としては、バンバン儲かるという仕組みになっているのです。恐ろしいことです。

極論の見方については、以前、榊原英資さんがわたしとの対談でおっしゃっていたことが参考になります。榊原さんはアメリカに行くと、もっとも悲観的なエコノミストと、もっとも楽観的なエコノミストに会って話をするそうです。そうすると、１ドル何円になると見るのか、まさに両極端の見方を知ることができる。これによって、振れ幅が把握できて、適正な判断や予測の手がかりを得ることができるというわけです。

この態度は、たとえば楽観的エコノミストの意見だけを鵜呑みにしてものを考えるのとは、まったく違うということがおわかりいただけるでしょう。片側だけの意見しか知らないで、短絡的に答えを得た気になるのは、非常にリスクが高いことなのです。もし、信じていた片方の意見が間違いだとなったとき、即座に対応することはたいていの場合、困難です。変化を乗りきるためのリスクヘッジとして、この態度は重要です。

このように、じつは**自分が信じてきたこととは違う異論反論というものは、思考の幅を広げてくれるありがたい材料**だということを、まずここで知ってください。そして、自分が信じてきたかつての正解が、もはや通用しなくなっていることを教えてくれるいいきっかけになるということも。

・既存の知識に満足しているだけでは賢くなれない。
・適正な判断をするために異論・反論・極論を大歓迎する。

これまで思考が狭く偏っていたのなら、ぜひ参考にしてください。

◉疑って観察する習慣をつける──思考の幅を広げるコツ③

わたしたちが日常のなかで、うっかり鵜呑みにしてしまいそうになる言説には、どのようなものがあるでしょうか。たとえば、権威者や有名人が断定的に語る説、絶対的な正義論、絶対悪を指摘する説、絶対善を主張する説、絶対的な正解だと言い募る説など、いくつも挙げることができます。

いまのこの国のマスメディアは、極度に単純化した情報を一方的に押しつける傾向が非常に強いという問題があります。また、受け取る側にしても、「すべてのメディア情報は編集されたものである」、つまり編集サイドの意図が必ず影響しているという認識がないままに、それを偏りのない絶対的真実だと信じ込んでいるという問題があります。あるいは、少数派、非主流派の意見は取り上げられないため、多様な捉え方があることすら伝えられないことも指摘できるでしょう。

まずわたしが言いたいのは、この世に絶対善や唯一の正解論はないということです。しかし、マスメディアの流す情報を鵜呑みにする習慣が染みついてしまっている人は、「まずは疑ってみる」という視点が欠落しています。「これが正解」と言われればそれを信じ、多くの人がそれを支持していれば安心してしまう。

そして、それに反する意見をもつ人を糾弾するということは、実際たくさん起きています。テレビやネットがスケープゴートをつくり出し、それを徹底的にたたいたとしても、何の不思議にも思わない人がこの国にはあふれています。

「まず疑ってみる」という姿勢に関してひとり、わたしの大先輩を取り上げましょう。医学博士の柴田博先生です。

先生は長年、老年医学を専門に研究されてきました。この国の多くの肩書だけの権威とは違い、とにかく既存の知識を疑い、調べるということを徹底してきた方です。

老年医学は高齢化が進んだいまでこそ注目が高まっていますが、長いことその分野で使われる基礎情報は古いもので、「老人はだいたいこんなもの」的な見方をする専門家しかいなかったと言います。先生は使いものにならない知識や統計データを疑い、偏見や錯覚に満ちた「だいたいこんなもの」的な老人像を疑い、不明点についてフィールドリサーチを行い、現実を観察するという手法を続けました。たとえば、前述の小金井市の高齢者を15年も追跡調査した結果、コレステロール値がやや高めの人がいちばん死亡率が低かったことや、この年代の高齢者でも15年間で言語性知能は落ちないなどという発見をしているのです。

従来型の医学常識をまず疑ってみるという姿勢は、80歳を超えるいまも貫かれています。先生の著書を見れば、多くの人たちが正解と考えてきた医学関連諸説も、じつは怪しいのかもしれないと気づかされるでしょう。先生が伝えたいのは、「いまの医学常識を疑わないと長生きできません」ということ。そんな先生の研究姿勢からわたしたちが学べるのは、「**疑う、そして観察する**」ことの**大切さ**です。

疑い、観察することで新しい発見に出合える。

することが見つからず、時間つぶしで漫然とテレビを見ているより、よっぽど楽しい生き方だと思いませんか？

●イメージではなく数字でものを考える――思考の幅を広げるコツ④

日本人の思考に関する得意不得意には、ある特徴があります。それは、数学的な発想ができないという点です。読み書きそろばんの読み書きまでは、だいたいの人はクリアしています。しかし、みっつめのそろばんは、単純計算はたいていの人はできますが、それが数学的発想に結びついていかないというのは、大きな弱点です。

では、思考の幅を広げる数学的発想とは、どういったものでしょうか。まず挙げられるのが確率論的思考です。これは唯一不変の答えがない世界を生きていくうえで、判断の手がかりを得る有効な方法です。

たとえば高血圧症は、降圧剤で正常値まで下げたほうがいいと推奨されています。みなさんの多くも、高血圧は薬で治すべきだと考えているでしょう。

ここでアメリカのデータを例にしますが、高血圧とされる収縮期血圧170㎜Hgの群を見ると、降圧剤を服用しないと6年後、8・2％の人が脳卒中になり、服用しても5・2％の人が脳卒中になります。いま医学界ではEBM（Evidence-Based Medicine＝科学的根拠に基づく医療）の取り組みがさかんです。データ的根拠に基づいて、脳卒中の発症率が8％から5％に減ったのだから、効果があると考えます。これもひとつの確率論です。

しかし、先ほどのデータ結果を言い換えると、そもそも降圧剤を服用しなくても90％以上の人は、服薬治療の大きな理由である脳卒中にはならないということです。となれば、わざわざ長期にわたって薬漬けにならなくてもいいのではないか。これがもうひとつの確率論です。病院で「薬を飲めばリスクが8％から5％に下がりますよ」などと言われれば、「はいそうですか」となりがちですが、冷静に確率論的発想をしてみれば、治療法選択の判断材料になるわけです。

少なくとも降圧剤を飲めば脳卒中にならないという話も、飲まないと脳卒中になるという話もウソだとわかります。さらに、ここに長期服用による副作用の問題などが絡んでくれば、複数の確率論を手がかりに総合的に判断するのが妥当となります。

あるいは、いまテレビを見ていると、大事故、残虐事件、大災害などが起きると、どの局でも視聴者を洗脳せんばかりに、強烈な映像を何度も何度も流し続けます。こういうある種、衝撃的な映像を繰り返し見せられたり、過度に不安をあおる情報にさらされ続けたりすると、人間は適正な判断力を失っていきます。確率の低いことを過度に恐れるようになるわけです。こうしたまずい事態を回避するためには、思い込みや決めつけによって抱くイメージを、数字的データに照らし合わせて検証するという手順を踏む必要があります。

数学的発想は思い込みや決めつけを防ぐ有効な手段。

何となくぼんやりとした思考をだらだらとするのではなく、このようにふだんから情報と数字的根拠を結びつけることを習慣化するよう、意識してほしいと思います。

◉思考の変節、モデルチェンジをしていい――思考の幅を広げるコツ⑤

考えに考えを重ね、あるひとつの説にたどりつくと、それが絶対だと信じて、かたくなに主張を変えないというタイプは、みなさんのまわりにいませんか？　このような人に対して、ちょっとつき合いづらいと感じた経験はきっとあるでしょう。

しかし一方で、世間では主義主張を一貫して曲げない態度を立派だと見る向きもあります。説が時代とともに変わっていってしまう変節漢よりも、信頼が置けると感じているようですが、本当にこうした態度は立派なのでしょうか。

もう何度も言っていますが、時代が加速度的に変化をしているいま、これにともない前提条件も変化していきます。本当に柔軟な思考ができる人は、時代の変化を的確に感じ取り、従来の考え方では適応できなくなった部分について修正を加え、新たに思考を進化させることができます。

これに対し、何年も何十年も説を変えられない人というのは、じつは変化についていていくことができず、思考がある時点で止まってしまっているのです。そのうえ、変節漢を心のどこかでバカにしていると、自分の変化を抑制してしまい、ますます自説を変えられない状態になっていくわけです。

わたしは、変節することが悪いとはまったく思っていません。実際、受験勉強法を説いてきたこの何十年かの間に、受験生に勧める勉強法は変化しています。

かつてのように教育内容のレベルが高い詰め込み教育の時代には、「ラクできるところはラクしていいよ」「手抜きしても問題ないところは手抜きしていいよ」と言ってきました。それは、たしかな学力が備わっているという前提条件があったからです。

しかし、時代とともに子どもたちの学力低下が顕著になってくると、「基礎学力を徹底してつけるべきだ」と、言うことも変わってきました。

これは当たり前のことです。その時代その時代の現実にいかに対応するか、重要なのはこの点です。精神分析の世界では、みなさんご存じのフロイトも、わたしが研究対象にしているコフートも、理論を何度も変節させています。そのことによって、信頼できない学者との烙印を押されることはないですし、それどころかいまだに大きな影響力をわたしたちに与えています。

年齢を重ねるごとに、頭は固くなり、思考回路は老化していきます。古い自説にこだわり続ければ、時代にもついていけなくなります。

思考の変節、モデルチェンジは思考の進化の証し。

古びた自説の主義主張に近いものばかりに接していても、時代遅れの自分のこだわりを強化することしかできません。そうではなく、時代の変化に対するアンテナを磨き、「思考の幅を広げるコツ②」で触れた「異論・反論・極論に多く接する」という姿勢を大切にしてください。

◉自分とは異なる視点の本を読む――思考の幅を広げるコツ⑥

思考の幅を広げる手段として、読書はたしかに有効な手段です。とくに定年後などに時間ができた人にとって、読書はいかにも勉強している気分にさせてくれるものです。ただ、ここでも少し注意が必要です。書籍に手を伸ばすとき、人はどうしても自分になじみのある分野、よく知っている分野のものを選びがちです。また、自分にとって読み心地のいい言説のものを好むという傾向もあります。

ただ、こうした自分好みの同じようなテイストのものばかりを読んでいても、脳への刺激にはならず、結局読んでいるわりにはあまり賢くはならないのです。

たとえば、この国では日本礼賛論調を好む人が増えてきていますし、そういう本が売れ筋となっています。もちろん自国に誇りをもつことは悪いことではありません。しかし、自国礼賛派は東アジア諸国に比べ日本人は民度が高く素晴らしい、中国や韓国は日本に劣るなどという言説に陶酔するのが心地よいわけです。こういう人たちを見ていると、自分たち日本人はずば抜けて優れているという幻想や油断に満ち満ちています。これは、努力を怠ることにつながりかねません。わたしなどは、「いつか自分たちが見下していた国に追い抜かれたときに泣き言を言うなよ」と思うのです。

思考の幅を広げたい、あるいは前頭葉を刺激し老化を防止したいと思うのであれば、むしろ日本にもまだまだ至らない点がある、他国にも素晴らしさはあるといった、自分が支持しない説に積極的に触れることこそ大切です。そういった書籍には、自国礼賛派にとって腹の立つことがたくさん書かれているでしょう。しかし、その「腹が立つこと」こそ、複数の視点があることを知り、思考を深める新たな契機になるのです。また自らを反省し、改革していこうというモチベーションになるのです。

・自説を否定しない本にばかり手を伸ばせば脳は老化する。
・自分にとって気分のよくない内容の本が思考を深めてくれる。

なじみの分野ばかりを好むマンネリ読書は、脳にとってじつは退屈極まりないのだということを、ここで強調しておきたいと思います。

◉比較読みで信頼性の高い著者を見出す
――思考の幅を広げるコツ⑦

せっかく思考の幅を広げるための読書をするのでしたら、読書の基本的なコツを踏まえておくといいでしょう。

まずひとつめは、経済、政治、環境、歴史など何でもいいのですが、**ある分野のテーマについて知りたいと思ったとき、可能な限り「比較読み」をする**ということです。たったひとりの特定の著者の説が正しいとは限りませんし、1冊読んですべてわかったような錯覚に陥るのも愚かです。

これはよくあることですが、ベストセラー本が出ると、立て続けに類似書が出版されます。それはまさに玉石混淆。なかには二匹目の泥鰌《どじょう》狙いの粗悪な書籍もかなりあります。こうしたとき、比較読みで複数の書籍を読むことがリスクヘッジになるのです。

また、世の中にはたくさんの専門家がいますが、比較読みをすることで著者のレベルを知ることができます。著者の信頼性や説の妥当性など、自分で把握することも大切な学びです。

あるいは、類似書がたくさんあるときに、いきなりレベルの高い難解な書籍を手にしてしまうという人もいるでしょう。難しそうな専門書などは、それにチャレンジすること自体、いかにも賢いことのように思うのかもしれません。

しかし、最初のほうを読んでさっぱり理解できないのであれば、その本はやめてください。わからない本、自分に合わない本は深追いする必要はありません。そして、見栄を張らずに、もっと難易度の低い入門書から始めるほうが確実に理解が進みますから、よっぽど賢明です。人間は理解できないことは覚えられないようにできているのです。

なかには、読書と言うと1ページから巻末の奥付まで、順番にすべて読まなければいけないと思っている人がいるかもしれません。しかし、**完全読破が必ずしもベストではありません。そうではなく、必要な箇所だけ熟読するという方法も立派な読書で**す。自分がその本を通じて何を知りたいのかが明確ならば、これは可能です。できれば重要箇所を何度か繰り返し読むことを習慣にするとよいでしょう。こうして理解を深めると、使える知識になっていきます。

1冊丸ごと読まなければという固定観念があると、読むこと自体が大変なプレッシャーになってしまいますし、集中力ももたないでしょう。ですから、らくらく学習を提唱する身としては、そういう**根性論で読書するのではなく、気軽につまみ食い感覚でいろいろな説に触れるというのがかなりいい方法**だとわたしは思っています。

そして、一部熟読をしたあとは、第2章の「詳しい人に話を聞く―スキップの法則②」でお話ししたように、人に聞くという方法でいいのです。

- **難解書完全読破などの根性論的固定観念は捨てる。**
- **比較読み・一部熟読で読書と思考の幅を気軽に広げる。**

なお、「この本を読んでこう思った」とか、「自分はこの本のこの部分とは違う考えだ」など、読後感を人に話す、アウトプットすることで本の内容がしっかり脳に定着するというメリットがあります。

◉スキーマに依存しない―思考を歪めるクセを知る①

ここまで思考する際のさまざまなコツをお話ししてきました。ここからは、心理学的な見地から、思考を阻害する要因をいくつか取り上げたいと思います。

ひとつめはスキーマです。スキーマとは、たとえば「脚が6本あって触角が生えていてブヨブヨしていない生きもの」と言われたとき、わたしたちはいちいち「いったいそれは何だろうか」と思考することはありません。「それは昆虫というものだ」と誰でも即座に答えることができます。

このように思考をショートカットして、ある条件や特徴を備えたものに概念をあてはめるはたらきをスキーマと言います。こうしたものごとの認識の枠組みがあるから、わたしたちは不自由なくスムーズに日常生活を送ることができるのです。

しかし、非常に便利なスキーマも、これに頼りすぎると思考作業を阻害する要因となります。ものごとを非常に単純化して頭を使わなくなる。また、人はいったん身につけたスキーマを容易に変更することができない。これが理由です。

血液型占いに頼りすぎる人は、A型の人は几帳面、B型は気分の落差が大きい、O型はおおらかで社交的、AB型はこだわりが強い変わり者といったスキーマをもっています。ですから、人を見てはこのスキーマをあてはめ、単純化した人間像を結ぼうとします。たまさかこのスキーマにあてはまらない人がいると、それは特殊な例外だとして、自らのスキーマを変更することはありません。

スキーマへの依存は、思い込みや決めつけに直結します。次第に思考自体が硬直化していくので注意が必要です。

◉二分割思考をやめる——思考を歪めるクセを知る②

思考を阻害する要因のふたつめは、二分割思考です。これは、ものごとを○×式に単純化する思考スタイルを言います。たとえば「正義と悪」「善と悪」「味方と敵」「好きと嫌い」のように、この世を黒白の２色だけで色分けするようなものです。

二分割思考の人は、たいてい自分は正しい善のグループに属すると信じて疑いません。ですから、自分の正しさや幻想を根拠に、「こうあるべきだ」「こうするべきだ」「こうであるに違いない」「あいつはけしからん」と頑固な決めつけに走ります。

しかし、実世界はこのように二分割して単純化できるようなものではありません。むしろ、ほぼ黒と白の中間のグレーゾーンでできていると捉えるべきでしょう。

たとえば、世の中には敵と味方しかいないのではなく、やや味方とか、やや敵というようなグレーの人がたくさんいるのです。

このグレーゾーンの存在を認められるかどうか。これは認知的成熟度の高低に大きくかかわっています。認知的成熟度の低い人は、グレーゾーンの曖昧さに耐えられません。しかし、多様性の理解と受容の態度は、このグレーゾーンでこそ育まれるのだということを、みなさんと共有したいと思います。

また、二分割思考の人は、うつ病になりやすいということも指摘されています。**二分割思考のコチコチに硬直した思考ではなく、グレーゾーンを自由に行き来する、幅の広い柔らかな思考で脳の若さを維持してほしい**と思います。

●前例にこだわらない——思考を歪めるクセを知る③

「昔、自分はこの方法でうまくいった」→「だから今回もこの方法でうまくいくはずだ」

「昔、この国はこの方法でうまくいった」→「だから今回もこの方法でうまくいくはずだ」

　これが典型的な前例踏襲主義です。

　たとえば、もうこの時代にはマッチしない、昔の営業スタイルに答えを求めて、同じ方法で現在に対処しようとしても、成功の確率が低いことは誰にでもわかることです。昔の経済政策をそのまま現在に適用しようとしても、なかなか難しいものがあります。しかし、硬直した組織では往々にして、この前例踏襲主義の悪弊がはびこっているものです。

　これは、個人の思考においても同じことです。過去にとらわれ、過去のやり方を絶対視するのは、少しも賢い態度ではありません。

　過去にこだわるあまり、他人の声にも耳を傾けない依怙地《いこじ》な人間には誰しもなりたくないでしょう。であればこそ、**わたしたちは折に触れ、自分は前例踏襲主義に陥っていないかという視点で、自分の考え方を客観的にチェックしないといけない**のです。

　あるものごとに対する自らの捉え方、認知状態を客観視する、つまり自分の認知を認知することを指す「メタ認知」という心理学用語があります。これは人が生きていくうえで非常に重要な態度です。さらに言うと、それをもとに自己改造するメタ認知的活動の大切さが強調されています。

とくに年を重ねるにつれ、頭が固くなり、思考阻害要因によって思考そのものが歪んでしまったり、思考停止状態に陥るということがよく起こります。いわば「思考の老化」現象です。それが起こっていないかをチェックする姿勢があるかないかで、その後の思考の老化の進行が違ってくることでしょう。

人生100年時代をこれから生きるみなさんには、脳のアンチエイジング、思考のアンチエイジングを意識して、生き生きと有意義に過ごしてほしいというのが、わたしの願いです。

第4章

人生後半の世界が広がる！人とつながる「アウトプット術」

◉人生100年時代に従来型の「独学」はいらない

ここまで、らくらく学習の方法論、のびのび思考のヒントとコツについて取り上げてきました。

「なるほど、らくらく学習ってかんたんそうだな」「思考の契機や目のつけどころには、いままで気がつかなかったな」など、さまざまな意見をもたれたことでしょう。少しでも興味を抱いてくださったのなら、非常に嬉しく思います。

この章では、らくらく学習の最大ポイントと言ってもいいアウトプットについて、話を進めていきます。

アウトプット。

・自分の思考を発信していく生き方。
・伝えることによって人とつながっていくこと。
・アウトプットによって前頭葉を刺激し続けること。

これは、いままでの中高年を対象とした、各種勉強法にはあまりなかった視点です。

これまで男性の勉強と言うと、どうしても知識注入型の知的（ではなくてもそう見えがちな）書斎人を理想とするようなところがありました。仕事以外の友だちも少なく、新しい交流を開拓する方法もわからない。そのため、たったひとつの選択肢として孤高の独学者を目指すというのが、本当の理由かもしれません。

それは、人と交流せず、思考をアウトプットすることなく、たったひとりで知識注入して完結してしまう、自己満足型の勉強法です。とくに定年退職後の男性はこうしたスタイルにはまりがちです。

しかし、ここで断言しましょう。

『人生100年時代』とは、従来型の独学を捨て去る時代である」と。

もうそろそろ、この従来型独学はやめませんか？

「独学を捨て去る時代」宣言の理由はふたつあります。

ひとつは、知識の注入ばかりで活用しなければ、賢くなれないどころか、脳の老化が進んでしまうということ。脳、とくに前頭葉の老化が進めば、思考の柔軟性が失われるということ──これは再三申し上げてきました。さらに、脳の老化によって感情の老化も加速します。人生100年を意識して生きていかなければいけないいま、これでは少しも幸せになれそうにありません。

もうひとつの理由は、人との直接的・間接的交流を積極的に図っていかなければ、長い人生の時間を充実させることが難しいからです。簡単に言えば、間がもたず意欲も湧かず、毎日を無為に過ごすヒマ老人への一途をたどるのです。

人との交流による刺激は、前頭葉の機能低下スピードを緩め、脳の若さ、感情の若さを維持するのに役立ちます。書斎とは言わずとも、自宅にこもって孤高の独学者の道を歩んだとして、それと同じ効果を期待するのは無理というものです。

これまで知識を増やすことだけを勉強と捉え、生涯その勉強スタイルは一貫していると考えていた人は、アウトプットと言われても、まだピンと来ないかもしれません。

しかし、中高年にはもう十分な知識が蓄積されています。いまこそそれをリソースとして有効活用しなければ、いつ使うのでしょうか？　もう一生使わないで終わってしまうのは明らかと言っていいでしょう。

時間と労力をかけて知識を蓄積してきたのは、いったい何のためだったのか。この問いの答えは、もうみなさんもおわかりですね。使うためです。使うことによって、人生の充実度と幸福度を上げるためにほかなりません。

「のびのび思考とアウトプットのセット」が人生100年時代の新テーマ。

ぜひ、このことを意識してほしいと思います。

◉リハーサルには時間をかける──アウトプット実践のヒント①

日本人の弱点のひとつが、アウトプット力の低さです。

人にものを伝えることが苦手だと認識している人は、みなさんのなかにもたくさんいると思います。だからこそ、人にものを伝える技術についてまとめた書籍が、断続的に出版されているのでしょう。ただ、それをいくら読んでも、本当に実践しなければ意味がありません。

また、自分は人に伝える力はあると単に思い込んでいるだけで、アウトプット力を正しく理解していない人も少なからずいます。こうしたことを念頭に、アウトプット実践のヒントをいくつかピックアップしていきたいと思います。

まずひとつめは、発信力をアップする方法です。

もし、自分は言葉や文字で人に考えを伝えるのが苦手だと思うなら、アウトプットのリハーサルを積んでください。これがいちばん発信力を習得できる方法です。

日本人は総じて知的レベルは高いにもかかわらず、プレゼンテーションが下手、ディスカッションが下手なのは、大学を卒業するまでの学校教育で、アウトプットトレーニングを積む機会が少ないからです。

もちろんかつての日本の学校教育には評価すべき点があることは、第1章で触れました。しかし、これに関しては残念というほかありません。

日本の国語教育は小説などの心情理解に重きを置く。それをどのような表現形式にすれば、聞く人にもっとも効果的に伝わるかは考慮しない。それに対し、欧米では、論説文を読んで論点を整理し、自らの見解を述べるという、アウトプットまでを範疇に入れたトレーニングを徹底する。

こうした教育方針の違いが大きな差をつくっているのです。アメリカの大学生と比べたとき、日本の大学生のアウトプット力の貧弱さは際立ちます。

たとえばみなさんはアメリカのジョン・F・ケネディ大統領（在位１９６１〜63年）が、演説の名人と言われていたことをご存じでしょう。しかし、演説をするにあたっては、行きあたりばったりで本番に臨むのではなく、毎回リハーサルを丹念に行いました。アウトプット力の高いアメリカ人でさえ、伝えることに関しては準備を怠らず取り組んでいたのです。

わたしは結婚式をはじめ、さまざまなイベントでのスピーチを耳にするたびに、「もっとリハーサルをしっかりやればいいのに」と思うことは少なくありません。

日本人は、原稿をつくるところまでは非常に真面目に一生懸命取り組みます。しかし、リハーサルが決定的に足りないのです。だから抑揚のない棒読みで、どこが面白さの山場なのかわからないスピーチになってしまう。原稿がいくらよくできていても、本番でスベる。聞いているほうも困惑する。こういったことが非常に多いと感じています。

せめて、家族や友人に何度かリハーサルにつき合ってもらえば、そこで「もっとこういうふうに話したほうがいいよ」とか、「固すぎるから棒読みになってしまってつまらない」「何が言いたいのかわからない」など、適切なアドバイスをもらえるはずなのに、そこができないのです。

友人のなかで自分の考えを話すのも結構難しいなと思うなら、その前にひとりでいるときに、自分の考えを声に出してしゃべってみる。自分の考えを声に乗せることに慣れる。それを録音して聞いてみる。何を伝えたいのか、要旨を意識してリハーサルをする。それだけでもずいぶん違うはずです。

わたしもラジオに出るようになって、ときどき自分のしゃべりの録音をradikoのアプリなどで聞くのですが、表現力や論旨などの点で反省させられることが多く、次回からの教訓にしています。

・話力は天性の素質ではない。
・人前で話すことに対する苦手意識を取り払うには、リハーサルを惜しまない。

大手予備校の人気講師たちも、生まれながらにして生徒を引きつける話力をもっていたわけではありません。多くは、アウトプット力を磨くための努力を陰でしているのです。

◉「うまく話さなければ」の強迫観念を捨てる
――アウトプット実践のヒント②

アウトプットに関するリハーサルの大切さは、前述したとおりです。しかし、その一方で、これまた日本人の傾向として、「上手に話さなければ」という強迫観念が強いことも指摘したいと思います。

人にものを伝える際、大切なのは、小説家が書く文章のように流麗であることではありません。そうではなく、いかに相手が理解できるように言いたいことを自分の言葉で伝えられるか、その一点に尽きます。表面的に上手にしゃべることと、相手が真意を理解できるように伝えることとは、似て非なるものです。

日本人はコミュニケーションに関して、平易な言葉ではなく難しい言葉で語るほうが格が上だと勘違いしています。

また、大事なのは話の中身なのに、表面的な技巧を磨くことを優先しがちです。話し方の技巧や伝え方の技巧に関する書籍が結構売れてしまう背景には、「上手に話さなければ」の強迫観念があることは間違いないでしょう。中身に関しての検討は、たいてい置き去りにされてしまっています。

わたしの経験のなかから、ものすごく拙い英語でアメリカ人を喜ばせたエピソードを紹介しましょう。みなさんの考え方が少し変わるかもしれません。

わたしがアメリカに留学したのは、いまから25年以上前のことです。当時、英語の文献はふつうに読めるレベルでしたが、会話となると相手が何を言っているのか、理解するのに精いっぱい。テンポのよいやり取りなどは、とてもできない状態でした。

そんなわたしがある晩、シカゴのホテルのバーで飲んでいると、ひとりのアメリカ人がやってきて、わたしに尋ねたのです。

「俺はミシガンから来たんだけど、俺たちがつくっている車が全然売れないのに、どうして日本車はこんなに売れるんだ?」と。わたしはこんなふうに返しました。

「アメリカと日本の販売体制のいちばんの違いは、ディーラーの立ち位置だ。日本ではディーラーがメーカーとくっついている。たとえばトヨタならトヨタ車のディーラー、マツダならマツダ車のディーラーがいるというように。しかし、アメリカでは、メーカーとディーラーがまったく連関しておらず、同じオーナーのディーラーがフォードもトヨタもマツダも取り扱っている。だからメーカーが消費者のニーズをつかみきれないし、消費者動向をメーカーが十分に吸い上げられないのでは」

さらに、マツダが一時期低迷したときに、社員のクビを切らずにディーラーに出向させ、そこで消費者ニーズをつかんで帰ってきたこと。それを反映させて新型ファミリアを大ヒットさせたということもつけ加えました。

すると、そのアメリカ人が膝を打って喜んだのです。奥さんらしき女性にこう言いました。

「こいつの英語はまったくひどいが、話が面白い!!」

このときわたしは、たとえしゃべる言葉が拙くても、その話が面白いか面白くないか、聞く人はそこで判断するのだという、当たり前のことを知ったのです。

わたしもずっと日本で育ち暮らしてきましたから、日本人にありがちな固定観念で「英語は上手にしゃべらなければいけないのかな」ということが気になっていました。しかし、この一件で「うまくしゃべらなきゃ」という強迫観念は、すっかり消えてしまいました。

日本では「誰それがこんな説を言っていた」と語るとまわりは喜ぶのですが、アメリカではそんな発言は評価されません。**下手でもいいから自分の独創的な考え方を示すほうが価値があるのです。**

下手でもいいから臆せずにアウトプット。

これこそ人生後半の世界が広がる「アウトプット的生き方」の極意です。

表現などについては、リハーサルを積んだり実践の場数を踏めば、少しずつ向上していきます。そこにこだわるよりも、重視すべきは話の中身です。

●自分は門外漢だからとしり込みしない
――アウトプット実践のヒント③

何か人としゃべっていても、話題が自分の専門外だったり、相手がひとかどの権威だったりすると、どうも気おくれしてしまうということは、しばしば起こります。日本人には珍しいことではありません。

しかし、わたしはたとえ自分が門外漢であっても、しり込みせずにどんどん輪のなかに入っていってほしいと考えます。そうしないと、いつまでも自分の既知の世界から外に出て行くことができないからです。

わたしは、とにかく世の中のありとあらゆることが気になって仕方がない性分です。ですから、自分の専門外の世界についても好奇心を抑えることができません。心理学がわたしの専門ですが、その知識を応用して、経済学を考えてみたりすることも多いのです。

しかし、この国の経済学者たちは、素人や門外漢のユニークな発想を見下すという、いやな傾向があるのもたしかです。閉鎖的な学者バカ、専門バカと言うべき人がとても多いのです。そういう人に「あなたは素人なのに」と否定的なことを言われるたびに、「聞く耳をもたない残念な人だな」とわたしは思うのですが。

日本とは逆に門外漢を大歓迎するのは、アメリカという国の素晴らしい部分だと思います。研究者たちが、もともとの自分の専門外に踏み出して、立派な業績を挙げる例は数多くあります。

たとえば、カリフォルニア大学バークレー校で心理学の博士号を取り、プリンストン大学で心理学教授を務めていた、ダニエル・カーネマン（1934〜2024年）。彼は経済学を心理学的に読み解き、不確実な状況下における人間の意思決定について理論化。新分野である行動経済学を開拓したことが認められ、2002年にノーベル経済学賞を受賞しています。日本ではまずこのようなことはないでしょう。

門外漢でも躊躇しない。門外漢を排除しない。

アウトプット的生き方で人生の幅を広げていくためには、門を開けて自由に思考の産物を往来させることが大切です。

◉難しいことを平易な言葉で語る――アウトプット実践のヒント④

難しい言葉で語られる諸説をありがたがり、それを聞いたり読んだりしている自分に少しばかり陶酔する。難しい言葉は賢さの証明という勘違いがはなはだしいのは、日本人の特徴です。

しかし、**本当の頭のよさとは、どんな難解なことでも、聞く人がスムーズに理解できるように話せること、書けることにあります。**あるテーマについて話すとき、相手が小首をかしげてしまうような専門用語を並び立てる人は、頭のよさという点では怪しいものがあります。

たとえば大学教授を例に取りましょう。日本の大学教授レベルの専門家たちは、一般の人にはなじみのない小難しい言葉を平気で使う人が少なくありません。この手の日本人専門家がアメリカの大学に教えに行ったらどうなるでしょうか。日本人の聞き手のように崇《あが》めてくれるでしょうか。

残念ながら、それは100％ないでしょう。アメリカ人にとって尊敬に値するのは、話がユニークで、それを誰にでもわかりやすく説明できる人なのですから。難しいことを難しく語る人に対しては、「そもそも語る内容についての理解が足りないから、わかりやすい言葉で語れない」「適切な語彙をもっていない」「人に伝える表現力が備わっていない」とシビアにマイナス評価を与えます。

「でも、やはりある程度はレベルの高そうな言葉を使ったほうが、知的に見えるのではないか」「平易な言葉を使って、人からバカにされないか」と考える人がいるかもしれません。

しかし、難しい言葉があなたの理解度とかけ離れているなら、そもそものような不釣り合いな言葉を使う必要はありません。聞く側からするとむしろ、「この人、じつは何もわかっていないんじゃないの？」とすぐに見破られてしまいます。無駄なプライドはすぐに捨てましょう。あなたの言葉を理解できない相手に、「これはどういう意味ですか？」と聞かれて適切に答えられないようでは、かえってバカにされてしまうのです。

では、話す内容について十分理解できている場合はどうでしょうか。もしその理解が本物ならば、難解な話をいくらでも噛み砕いて、適切なレベルの言葉に置き換えて語れるはずです。

言葉の定義を理解する場合、第3章でお話ししたスキーマ問題ととてもよく似た状況が起こりがちです。

ある概念について厳密な意味・解釈を知らなくても、理解のプロセスをショートカットして、「何となくこのようなことである」というふうに、概念を示す言葉がわかったような気になってしまう。そしていざ、その言葉を小学生や中学生にわかるように説明しようとしても、できなかった。こんな経験は誰にでもあるでしょう。

インフレターゲットって何？　為替ヘッジプレミアムって何？　非関税障壁撤廃って何？

こうした「何？」に太刀打ちできますか？　**日頃目にするさまざまな用語を、平易**

な言葉で説明できるかどうかは、自らの理解度を把握するバロメータにもなります。

難しい話を平易な言葉で語れることが賢さの証明。

誰かに話すというアウトプットをつねに意識していると、「難解用語わかったつもりの意味知らず」という、みっともない姿をさらさずにすみます。自己満足型の孤独な独学者との大きな違いは、アウトプットの実践を通じて、確実にコミュニケーション能力や表現力を磨いていけるという点です。

◉何を伝えたいのか、必ず論点を整理する
──アウトプット実践のヒント⑤

長い時間、聞き役にさせられた挙げ句、結局何を言いたいのかさっぱりわからなかったときほど、脱力感に襲われることはありません。

頭のなかでの思考段階では、取りとめなく次から次へ考えが連鎖していきます。それは、書き言葉でもなければ話し言葉でもない。言わば流動的な状態です。

この流動的な思考を、どう人に伝える形に整えるか。ここが非常に大事なポイントになってきます。

もっとも重要なポイントは論点を明確にすること。これに尽きます。

ひとりで考えごとをしていると、ときどき「こんなことを考えつく自分はすごいんじゃないか」と悦に入ることがあります。すると、生まれたてホヤホヤの考えを、すぐにそのまま人に話したくなる。こんなこと、みなさんにもあると思います。

しかし、書き言葉化されていない頭の中身、話し言葉化されていない頭の中身。いずれも、論点が未整理という問題を抱えています。

そういうときは、**人に話す前にメモ書きにして、客観的に思考の産物を眺めてみるというのが、手軽でいい方法**です。ただし書き言葉化すると、前項で指摘した難しい言葉を使いたくなるクセが頭をもたげてくるので、ここでもあくまでも平易な言葉でメモするということにしてください。

思考を文字化したときに着目してほしいのは、自分の話の論点が明確になっているかどうかという点です。論点がいくつも混ざっていたり、視点が定まっていなかったりということはないか、チェックしてみるといいでしょう。論点は、アウトプットの形式を問わず、話を支える柱ということを意識して、大切にしてほしいと思います。

もうひとつの方法としては、**考えが浮かんでからアウトプットするまでに、少し時間を置く**というやり方です。思考の産物を寝かして熟成させると言ってもいいかもしれません。わたしも含めものを書くことを職業としている人は、スケジュールなどが許す限り、この熟成期間中に、もう一度冷静に自分の考えを見つめ直すという段階を踏みます。すると、さらに思考が進化したり、洗練されたりということが起きます。

アウトプット重視の生き方に慣れないうちは、うまくできないこともあるでしょう。しかし、流動的で一見まとまりのない思考の産物を人に伝わる形に近づける作業は、脳の活性化にも大いに貢献します。あるいは、それに自信がないうちは、友だちなどにゆるくアウトプットし、モニターしてもらい、よくわかるかどうかを率直に言ってもらうのもいいでしょう。

どんな話をするにしても論点重視は必須事項。

こうしたアウトプットトレーニングを積んでいくと、まわりからも「あの人の話はいつも理解しやすくて面白い」と評価され、好感度が上がっていくはずです。効果的に人に伝えることの醍醐味がわかってくると、さらに人との交流が楽しくなること請け合いです。

●日本語表現力こそ大人の教養――アウトプット実践のヒント⑥

「日本語能力を高めるには？」と言われると、「それは語彙力を高めることだ」と即答する人がいます。つまり、どれだけ多くの言葉を知っているかがもっとも重要だという考え方です。

たしかに、語彙は思考を組み立てる素材ですから、これがなくては思考の幅は広がりません。しかし、語彙力だけで本当に十分なのでしょうか。

わたしが思うに、日本人に足りないのは教養としての日本語表現力です。「教養とは何か」の考え方は国によっても違います。わたしはアメリカ留学していたときに、「英語を使う際、同じ表現ばかり使う人は知的レベルが低いと見なされる」ことを知りました。あるいは編集の世界では、文章のなかで、近接する文で使った表現をまた使うといった重複表現はやはり嫌われます。編集者や校正者が「重複回避」の赤字を入れて、これを修正していきます。

昔、土居健郎先生に言われたのは、「シソーラスを使いなさい。単調な表現はやめなさい」ということでした。この指摘は、その後のわたしの人生で非常に役立っています。

みなさんは、お手元にシソーラス辞典をおもちでしょうか。わたしはぜひ、シソーラス辞典を活用して表現力を高める一助にしてほしいと思います。要するに、文章のなかで同じ言葉を二度使うことになった際に、シソーラスを使って別の表現をするのです。

また、接続詞や文末表現のバリエーションを身につけることも大切です。自分の考えを文章にまとめるとき、接続詞や文末表現、あるいは主述関係を示す表現があまりに単調すぎる人がいます。大学受験向けの小論文指導では、「〜と思います。〜と思います。」が繰り返される文章には必ず指導が入ります。みなさんはどうでしょうか。

この項のはじめで触れた語彙は、単にその量を増やしたいのなら、ひとりで広辞苑を読んでいればすむ話です。しかし、表現力については、シソーラス辞典や参考書籍の助けを借りるとしても、やはり実際に使いながら、磨いていくのがいちばんの方法です。

その意味で、**多少下手でも、とにかくアウトプットの場数を踏むのは、最適のトレーニング**になります。

話の聞き手は、こなれていない難解な内容をいやがるだけでなく、全体の表現が単調な話はとてもつまらなく感じるため、これもいやがります。

日本語表現力を高めることで、あなたの話を面白いと感じる人が増える。

平易な言葉×多彩な日本語表現力。これは間違いなくみなさんの強みになります。

◉相手のリアクションは格好のバロメータ
――アウトプット実践のヒント⑦

大学の授業中、一生懸命話す教員のことなど意に介さず、堂々と眠りこける学生は、昔もいまも変わらず存在します。わたしも大学で教えていますが、わたしの授業でもしっかりと睡眠をとる学生はいます。

こうした一見由々しき状態について、「出欠確認だけして、あとは寝ているとはけしからん」と怒る教員と、わたしなどを含めて腹を立てない教員とに分かれます。わたしは学生にいつもこう言っているのです。

「ぼくの授業がつまらなかったら、いつでも遠慮せずに寝てくださいね」と。

これはどういうことを意味しているか、おわかりになるでしょうか。

わたしは**人に話を聞いてもらうとき、相手の反応は自分の話の面白さを測る最高のバロメータ**だと考えています。ですから、学生が熱心に聞き入ることなく、机に突っ伏して寝ていたら、「ああ、自分の今日の講義はこんなにつまらなかったんだ」と素直に反省し、次はこんなふうにしてみようと策を練るのです。とは言っても、いきなり授業の始まりに、「どうぞどうぞ、寝てください」などと言われると、学生たちはかえって寝にくくなるようですが。

もうひとつお話ししましょう。わたしはラーメンが大好きで、かなりあちこちの店を食べ歩いています。日本のラーメン業界はお互いしのぎを削っていますから、総じてレベルは高いのですが、なかにはとんでもなくまずいラーメンを出す店もあります。

こういう店には何が欠けているのか。いちばんの問題は客のリアクションを見ていないということでしょう。ラーメンをつくっているスタッフの舌がまともでなくて、自分のつくるラーメンは絶品だと信じて疑わないとしても、食べているお客さんの様子から、「ああ、まずいんだ」ということはわかるはずです。残念ながら、リアクションを見て進歩できないラーメン店は、早晩つぶれるのは目に見えています。

60歳からのらくらく学習で推奨するアウトプット実践の際も、いまの例と同じく、相手のリアクションをしっかりキャッチすることが不可欠です。

仲間と話しているとき、自分では結構面白い内容だと思ったのに、相手の反応が薄い。そんなときは、伝え方があまりよくないのではないかと検討するきっかけになります。それに気づくことができれば、次はもう少し思考を整理したり、話し方を工夫してみたりと、いろいろ改善できるでしょう。

もうひとつ気をつけたいのは、アウトプットの場は、一方的な演説をするための場ではないということです。先に挙げたラーメン店のような、相手の存在を無視した思い込みや押しつけをしていることに気づかないという人は、相手のリアクションからしっかり学んでほしいと思います。

相手のリアクションを見逃さない人は能力を向上させることができる。

アウトプットは、他者の存在を意識してこそ成り立つ生き方です。もちろんメタ認知をはたらかせて自分を客観視することは重要ですが、それだけでなく相手のリアクションから読み取る、学ぶという習慣をつけていきましょう。

◉上から目線で蘊蓄を垂れるのをやめる

男性というものは、どうも年齢が上がるにしたがって、依怙地《いこじ》になったり、一方的に話したり、どこか人から嫌われやすい要素が目についてきます。過去の学歴、職歴、業績などにいつまでもこだわり、いまの自分ではなく、過去の自分のなかにアイデンティティを見出すしかできない人は決して少なくありません。それがまわりの人につき合いづらさを感じさせてしまう大きな原因です。

「中高年男性のどのようなところが嫌いですか？」という質問をすると、どの年代の人も、「上から目線で蘊蓄《うんちく》ばかり垂れる」点を指摘してきます。

自分はすごい人間なのだということを示したいのでしょう。現役時代とは違って、まわりから評価してもらえる機会も激減しますから、何かと言うと知識をひけらかしたい。その気持ちを抑えられないのです。

たしかに知識を披露したり蘊蓄を垂れることによって、多少は思考の整理などに役立つことはあります。ときには座を盛り上げる有効なツールにもなります。

しかし、繰り返しますが、知識は思考の材料なのであって、蘊蓄の形で人に伝えること自体を目的にしてはいけないのです。ここは勘違いしないでください。

また、もうひとついやがられるのは、とくに女性や若い人をつかまえて自説を述べたときに、相手が十分理解できていない様子だと、「こんなこともわからないのか」と相手を見下すところです。話自体がつまらなかったり、相手にわかりやすく話す能力がないという現実に気づいていない証拠です。

残念ながらこの手のタイプは、何ごとに関しても一方的ですから、言われた相手が気分を害していることに気づかない。次第に人に嫌われるようになっていっても、そのことに気づかない。じつに困ったものです。

わたしがこの本を通じて言いたかったのは、「脳の若さを維持し、豊かな人間関係を築いてほしい」「賢く進歩してほしい」「充実した人生を歩むことで、メンタルを良好に保ってほしい」ということ。これらを総合したその先にあるのは、「**60歳からのらく学習を実践することによって、いつまでも人に好かれる人間であってほしい**」という願いです。

「人から好かれる古びない人間になるためには？」を考える。

定年後は、もう現役時代のような競争はしなくていいのです。自分が勝っているとか優れているとかをつねに気にしているようでは、豊かな人間関係は育めません。

●アウトプットと「聞く力」

では、どのようなことを心がければ、人に好かれる人間になれるでしょうか。

まずひとつめに大切なのは、人の話にきちんと耳を傾けることです。アウトプットと言うと、どうしても自分からの発信にばかり意識が行きがちです。しかし、人間関係というのは、自分からの一方向的な発信だけでは成り立ちません。関与する人たちの発信・受信、これが偏りなく併存できること、ここが重要なのです。

「いいことを言いたい」「自分の話で人をうならせたい」「自分がいちばん注目されたい」。このようなことばかり気にしているようでは、その場の雰囲気は悪くなっていくばかりです。周囲からの評価が下がっても仕方ありません。

じっくりと人の話に耳を傾けること。これは年を取ると意外にできなくなる部分です。よく「あの人は頑固だ」と言われる高齢者がいますが、頑固かどうかということより、聞く耳をもたない人間であることが問題の本質でしょう。

どうか**アウトプット的生き方を実践する際には、「人の話に耳を傾ける」ことを意識してほしい**と思います。そして言下に人を批判しない、見下さないといった基本的態度をしっかり身につけてください。

そしてもうひとつのポイントは、**わからないことは素直に人に尋ねる**ということです。年を取ると、プライドや経歴などが邪魔をして、わからないことを素直に聞けなくなる人が多くなります。仕方なくその場しのぎでわかったような顔をするのかもしれませんが、そのような態度にはあまり意味はありません。

それなりに人生を歩んできた方が、少しも見栄を張らずに素直に「これってどういうこと?」「自分はこういうこと、よくわからないんだけど、教えてくれる?」と尋ねてくれたとき、その相手は自分に尋ねてくれたことを嬉しく思うものです。

相手が「いい年をして、そんなことも知らないのか」などと言って、バカにすることはまずないでしょう。なぜなら、**何歳になっても素直にものを尋ねられるその姿勢に、人はある種の感動を覚える**からです。

素直な心で人の話を聞き、人に尋ねる。

おそらくこうしたことが自然にできる人は、周囲から好かれ、交友関係をどんどん広げていくことができるでしょう。とても楽しい展開になりそうです。

●アウトプット的生き方で精神の自由を保つ

自分の専門外の分野についても思考を繰り返し、幅広い分野で活躍する友をもち、やりたかったことに次々にチャレンジしていくわたしの生き方を見て、ある編集者が言いました。

「まさに先生はアウトプット的生き方を体現している。いつも忙しくて大変だなと思いますが、じつに楽しそう。先生の生き方を見ていると、本当に何にも縛られず自由だと感じる。それは精神が自由だということですね」と。

わたし自身、60歳からのらくらく学習のテーマである思考を重視したアウトプット的生き方は、まさに精神の自由を得るための有効な手段だと思っています。

思考力を鍛えてこれを武器にできれば、権威やマスコミが強弁する「唯一不変の正しい答え」や「正義論」に従わなくていい。「こうあるべき」という世の中の同調圧力を怖がる必要はない。異論反論を恐れなくていい。何ものにも縛られず本音で生きていい。

人が生きるうえでの究極の幸せとは、過去の知識や他者からの評価に束縛されず、精神が自由でいられることに尽きると思います。

精神の束縛は外的な要因によって生じることもありますが、じつは内的要因によっても引き起こされています。しかも外的要因による束縛に比べ、自分で自分に制限をかけ窮屈に生きていることには、なかなか気づきにくいという問題があります。

思考スタイルや対人関係におけるふるまいを含む行動様式は、本人には見えないクセのようなもの。しかも、長年疑問を抱くことなく染みついてしまっているという点で、かなり厄介です。

思考の産物を仲間でもち寄り、それを交換し合う。相手のリアクションから、さらなる課題を見つけ、思考を進化させていく――ここまでお話ししてきたことは、単なる知識として頭のなかにしまい込んでおくのではなく、必ず実践してほしいと思います。

最後にひとつ加えるとすると、自分と同じ年代層とばかりつき合うのではなく、異なる年代層、つまり若い人たちにも目を向け、交流を図ってほしいと思います。同年代の仲間からはなかなか得られない、新しい発想や感覚に大いに刺激をもらってください。

2017年に亡くなった聖路加国際病院名誉院長の日野原重明先生は、最晩年まで医師として多忙を極めていました。また、その一方で若い世代との交流を積極的に行っていたことをご存じの方は多いでしょう。100歳を超えてもなお、心身そして脳の若さを維持できた理由のひとつには、間違いなくさまざまな世代との交流があったはずです。

人生100年時代、みなさんそれぞれの生き方次第で、いくらでも楽しく愉快なものになると信じています。

第5章

60歳から脳が若返る！
前頭葉が喜ぶ「ときめき習慣」

◉人生100年時代と脳の老化

ここまで第2章から第4章まで、らくらく学習の実践方法について、基本的方法論、のびのび思考、アウトプット的生き方に分けて説明してきました。最後の第5章では、加齢とともに進む脳の老化現象について取り上げたいと思います。

いくら日本人の寿命が延びても、脳の老化がどんどん進んでしまえば、前向きに生き生きと生きることが難しくなります。人生100年時代を輝きながら生き抜くために、脳の老化についての正しい知識をもち、脳年齢を若く保つための方法をここで理解してほしいと思います。

さて、「理想の老人像は?」と問われたら、どのような高齢者を思い浮かべるでしょうか。好々爺という言葉のごとく、いつもにこにこと機嫌がよく、心優しい老人になりたいと思う人も多いでしょう。このような高齢者には、いかにもまわりから好かれ尊敬を集めそうな雰囲気を感じます。しかし、誰もが好々爺になれればいいのですが、理想と現実は必ずしも一致しないのが人の世です。

第3章で触れた「認知的成熟度」という言葉を覚えているでしょうか。これは、成長するにしたがって、ものごとを多様に捉えることができるようになり、白と黒の間のグレーゾーンを認められるようになる知性のことでした。

大人になるまでに上昇した認知的成熟度は、その後、どのようになると思いますか？　いったん身についたこの知性は、一生維持されると思いますか？

残念ながらその答えは、みなさんの期待に反します。ものごとの考え方はひとつではなくさまざまな可能性があること、そして考え方は人それぞれで価値観は多種多様であることがわかっていたはずなのに、50歳前後から認知的成熟度は退行しやすくなるというのが答えです。

人の意見に次第に耳を貸さなくなる、白か黒か、敵か味方かの二分割思考にはまりやすくなる、自分に対する異論反論を受け入れられなくなるなど、厄介な中高年が増えていきます。

これは、もちろん長年の経験則に基づいて、結論を決めつけたがるということもあ

ります が、いちばんの原因は、脳のなかでもとくに前頭葉の老化が、すでにこの頃から始まるからです。認知的成熟度の退行は、思考の柔軟性を奪います。

いったい中年期以降の脳には何が起こっているのでしょうか。まずは、ここからお話を始めたいと思います。

●前頭葉は萎縮しやすい！

脳は、構造的に分けると、大脳・小脳・脳幹・脊髄《せきずい》の４つの部分からなります。このなかで、思考、意思、感情、感覚など、人間の高度な精神活動を司るのが大脳です。

さらにこの大脳はいくつかの領域に分かれます。主要な領域として、大脳の前方部分を占める前頭葉、中央頂部の頭頂葉、両側面下方にある側頭葉、後方部の後頭葉、側頭葉の内側に位置する海馬《かいば》があります。それぞれ担当する機能が異なります。

・前頭葉……思考・意欲・注意・情操・創造性など

・頭頂葉の前部……皮膚感覚・深部感覚・味覚など知覚、認知、判断
・側頭葉の上半分（側頭連合野）……聴覚による言語理解
・側頭葉の下半分（側頭連合野）……形態認知
・後頭葉（視覚領）……視覚情報の理解
・海馬……記憶

さて、わたしたちくらいの年齢になってくると、脳の老化が何よりも気がかりになってきます。意欲が湧かない、感情がかたくなになる、もの覚えが悪くなる、思い出せないといったことがあると、自分の脳の健康状態は大丈夫だろうかと心配になってしまうものです。

脳の機能低下は、脳疾患がなくても、加齢とともに誰にでも起こります。この原因のひとつとなるのが、加齢脳の生理的萎縮です。

なぜ脳が萎縮して小さくなってしまうのか。それは脳の組織を構成する神経細胞が死んで脱落してしまうからです。そして、神経細胞の細胞死による量的機能低下は、

大脳全体に等しく現れるのではなく、領域によって萎縮率と萎縮し始める時期が異なるという特徴があります。

これについてはかなりショッキングなデータがあります。神経病理学者のシェーファーが、19〜28歳の正常脳と比較する形で、平均年齢77歳の正常脳の神経細胞減少率を調査したところ、次のような結果になったのです。

まず、視覚情報の理解を司る後頭葉は13％、形態認知を司る側頭葉下半分は23％、前頭葉のなかの運動を司る領域（運動前野）は22％、そして前頭葉のなかの思考・意欲などを司る領域（前頭極）は28％という減少率でした。他の領域と比べても前頭極の減少率は顕著です。

さらに、認知症患者の減少率が正常脳のそれをどれくらい上回るのかを見ると、後頭葉は7％プラス、側頭葉下半分は19％プラス、運動前野は14％プラスとなっています。しかし、前頭極はわずか3％プラスです。つまり、正常脳の前頭極で起こる生理的萎縮は、認知症患者の脳と非常に近いレベルであるということです。

また、萎縮し始める時期はわたしたちの想像以上に早く、40歳を超えると、CT（コンピュータ断層撮影）やＭＲＩ（磁気共鳴画像）などで、前頭葉の萎縮が確認できます。これに対し、側頭葉の萎縮は前頭葉よりは少なく、頭頂葉や後頭葉の萎縮は、比較的軽度で機能低下も緩やかです。

◉クローズアップ前頭葉！　対策を取らなければ老化は進む

前項で前頭葉の生理的萎縮について、非常にシビアなお話をしました。ここで、さらに前頭葉について詳しく見ていきたいと思います。

前頭葉は、しばしば脳の最高中枢と呼ばれます。これは、意思決定や創造性など、高度な機能である思考に深くかかわっているからです。つまり前頭葉が人を人たらしめているわけです。人間に近いと言われるチンパンジーでさえ、前頭葉の大脳に占める割合は17％であるのに対し、人では29％というところからもうなずける話です。

さて、この前頭葉が得意とするのは、予定調和的・前例踏襲的な対応ができない想定外の状況に対応し、適切な判断、行動を選択するということです。つまり、この部分が萎縮し始めれば、偶発的な状況に対応できず、柔軟にものを考えられなくなるのです。そして思考スタイルもマンネリ化していきます。

また、このほかにも感情の微妙なニュアンスを捉え、それに基づいてものごとを考えるはたらきがあります。もっとも泣く、笑う、怒るといった原始的な感情は、前頭葉ではなく大脳辺縁系が司っているので、認知症レベルにまで前頭葉が萎縮してしまっても、基本的な感情は残ります。

しかし、ものを見て心を震わせたり、相手の気持ちを推し量ったり、共感したりといった、高度でこまやかな感情の動きは、前頭葉の萎縮とともに明らかに低下していきます。ひと言で言えば、感情が平板化してしまうということです。社会に対しても無関心になり、ひどいときには人柄がルーズになることもあります。

さらに前頭葉が関与する自主性や意欲は、思考を行動に移す原動力となります。若い頃にはフットワークも軽く、自分の意思を行動にできたのに、老化とともにそれもなかなか簡単にはできなくなっていきます。計画を立案したり、それに基づいた行動が取りづらくなるケースもあります。

こうなると、心はさびつき、「何をしても楽しくない」「何かをやってみようという気も起こらない」「自分の思いどおりに現実が進まないとキレてしまう」「思考の切り替えができないので、いつまでも怒り続ける」といった、困った事態が少しずつ増えていきます。

こうなる前から、前頭葉についての知識をもっていないと、どのような対応をすればいいのかもわからず、「年のせいだ」と言って、余計に何もしなくなってしまう可能性は高いでしょう。ここは十分に注意したいところです。

さて、この前頭葉が十分に成熟するのは、20代前半頃です。しかし、先に触れたように老化現象である萎縮が目立ち始めるのが40代。ベストの状態をキープできるのは、意外にも短期間です。

前頭葉は、最後部に位置して随意運動を司る第一次運動野・運動前野から、前方に行くにしたがって、より高度で抽象的な情報処理を行うように領域が配置されています。前方最先端部に位置する前頭極は、人間にしかない特異的な領域で、前頭葉のなかでももっとも抽象的な情報統合機能を担っているとされています。そして、先に述べたように萎縮率がもっとも高いのが、この前頭極という事実があります。

人生100年時代の後半部分は、適切な対策も取らず放っておけば、前頭葉の萎縮がどんどん進み、高次の人間的機能は維持できないということを、ぜひ理解してほしいと思います。

◉前頭葉の老化と意欲減退のスパイラル

前頭葉の萎縮にともなって、多く見られるのが意欲減退です。年齢的に身体疲労もたまりやすく、気力も湧かないというのは非常につらい状況です。

この意欲減退は、気持ちの部分だけに影響を与えるだけならまだしも、じつは、それをきっかけにズルズルと悪影響が広がってしまうという怖さがあります。

身なりにも気を使わないくたびれた中年男。ぱっと聞いただけでは、あたかも中年男性を小馬鹿にしているようですが、これがわかりやすい悪影響の一端です。

最近は、外見的な若さや清潔感を大切にしたいというのは、どの年代層にも共通の感覚のようです。中高年の男性でも肌や頭髪の手入れに気を使う傾向は、以前に比べ強くなってきていますし、エチケットのひとつとして、加齢臭対策に気を配る人も少なくありません。昔に比べ、「若々しさと清潔感を保ちたい」という願望は、叶えやすくなっているのです。

しかし、その一方で自分の外見にまったく関心がなく、いつもくたびれた格好をしている男性も相当数存在します。意欲減退からくる自己に対する無関心は、やがて容姿容貌までをも老け込ませていきます。これがひどくなれば、昨今問題になっている「セルフネグレクト」状態にもつながりかねません。

わたしも日常的にいろいろな人に会いますが、精神科医という職業柄、相手があまりに自分の身だしなみに無関心で覇気のない中高年だと、うつ病のほかに、前頭葉の老化やそれにともなう意欲減退などをつい心配してしまうことがあります。

また、意欲減退が行動の範囲を狭めてしまうことも悪影響のひとつです。休みの日にもゴロゴロと無気力に過ごすばかりで、どこかへ出かけたり、趣味の活動をしたりということもない人は決して少なくはないでしょう。こうなると体を動かすという行為そのものが億劫になり、身体機能も低下していきます。

さらにこの悪循環は続きます。

国立長寿医療研究センターが50歳以上の男女を対象に行った調査によると、1日当たりの歩数がもっとも少ない群（1日当たり5736歩未満）は、もっとも多い群（1日当たり1万407歩以上）に比べ、約3倍も前頭葉の萎縮が悪化しやすいという結果が出ています（NILS－LSA第2次・第6次調査）。

こうなると前頭葉萎縮に始まる意欲減退は、外見上の老化を促すと同時に、身体機能の低下や、運動不足との相関が考えられる前頭葉の萎縮を引き起こす。そして、前頭葉の萎縮によって、思考と感情の老化はますます進む。思考しなくなるからバカになるといった具合に、悪循環のスパイラルは、際限なく続いてしまいます。

この負のスパイラルを断ち切るためにも、日々の体験や活動は重要です。積極的に前頭葉対策に取り組みましょう。

◉男性の意欲減退はホルモンも関係する

男性の意欲減退の原因として、前頭葉の萎縮とともに注目すべきなのが、男性ホルモン分泌量の低下です。男性ホルモンにはいくつかの種類がありますが、意欲に深くかかわるのがテストステロンです。

これは精巣から分泌されるステロイドホルモンで、母胎内での男性器形成に関与し、思春期に二次性徴を発現させることで知られています。

もう少し詳しく見ると、テストステロンは筋肉量と筋力の維持、皮膚や毛髪の育成、身体の組織中に含まれるたんぱく質の一種アルブミンの生成、造血作用など身体面、性機能面に関与します。

ここでいちばん注目したいのは、集中力や判断力、意欲や気力、好奇心、攻撃性など高次精神機能にも深くかかわっている点です。

このように身体面、性機能面、精神面に関与するテストステロンは、個人差はありますが、早い人で40代から分泌量の減少が目立ち始めます。強いストレスにさらされ続けている人は、平均より減少率が高くなります。

これにともなって、中年期以降は筋肉量の減少、肌の衰えのほか、内臓脂肪の増加とメタボリック症候群、骨密度の減少など、身体面での変化、性機能の低下を生じると同時に、精神機能面で認知機能、とくに記憶力や判断力の低下、抑うつ状態に代表される気分障害など、生活の質を著しく損なうような影響をもたらします。

「面白いことが何もない」「楽しみがまったくない」といった中高年の嘆きは、テストステロンが減っているせいかもしれません。

さて、ここまで述べてきたことは、従来からテストステロンの特徴として知られていたことです。さらに比較的最近わかってきたことは、テストステロンには、社交性に影響を与えるという側面がある点です。

つまり、テストステロンの減少が始まると、性的な関心対象としての女性に興味がなくなるだけではなく、人間関係全般に興味がもてなくなってしまうのです。

逆に言えば、分泌量が十分な人は性欲はもちろん強いですが、それと同時に人間に対する好奇心にあふれて情にも篤く、弱者に優しいという傾向が見られます。テストステロンを人工的に増やしてあげると、ボランティアをやりたい人や寄付をしたい人が増えることは実験で明らかになっています。このようなタイプの人は、性別を問わず友だちが多いのが特徴的です。

日本という国は、年甲斐もなくスケベなことを考えている男性に対して、冷ややかな目を向けがちですが、じつは**性的なことをタブー視しないということも、意欲を維持するためには必要**なのです。

もちろん1日十数時間もポルノサイトを見ているような依存症は問題ですが、**適度に性的刺激を自分に与えることは、ホルモン分泌量の低下を抑制し、精神機能を維持・向上するために、かなり重要なポイント**になります。

なお、医学的には、加齢にともなうテストステロン低下による症状を総称して、LOH（Late Onset Hypogonadism）症候群と呼びます。いまは日本でも保険適用のホルモン補充療法を受けられるので、深刻な症状を抱えている方は、医療機関のメンズヘルス外来や泌尿器科などに相談するといいでしょう。

◉前頭葉を老化させる「敵」はルーティン──中高年の前頭葉を守る①

前頭葉の機能を維持し若さを保つためには、まず前頭葉がもっとも嫌う敵を知ることが大切です。

前頭葉は、側頭葉や頭頂葉と違って、わかりきったおなじみの状況に対応するのではなく、展開が予測できないような新しい状況に対応するのが役目です。複雑で刺激の強い偶発的な出来事こそが、前頭葉を生き生きと活性化するのです。

ですから、ルーティン化した日常などはもってのほか。ところがだいたい中年期に差しかかると、毎日の仕事も日常生活も同じことの繰り返しになりがちです。その都度、前頭葉が対応しなければならない状況は、どんどん減っていき、たいていのことは側頭葉と頭頂葉で処理が可能です。これでは前頭葉が活躍できる場面がありません。

毎日、同じ時間に起きて、同じ経路で職場に向かい、同じ顔ぶれの同僚と想定の範囲内の作業を繰り返し、時間が来れば帰宅する。似たり寄ったりのテレビを見ながら夕食をとり、だいたい同じ時間に就寝する。何か新しいこと、面白いことについて思考するといった習慣がないので、毎日何も考えない。

こうした**飽き飽きするような慣れっこのルーティンこそが、前頭葉の敵**なのです。**前頭葉にとって、予想と現実とのギャップが大きければ大きいほど、それは格好の刺激になります。**これは恋愛を例に考えるとわかりやすいでしょう。

恋愛は毎回相手の反応が異なります。とくに未知の存在である新しい恋人の登場は、前頭葉にとっては大歓迎すべき状況です。そして、手さぐりの状況下で相手のことを知ろうと努力し、相手がどのようなことで喜ぶのか悲しむのかを推し量る。お互いの気分が上がるように身だしなみにも気を使う。飲食店を開拓する。ときに突発的な喧嘩をし、場合によっては振られる。恋愛に失敗したら、次はもっと恋愛対象として望ましい人間になろうと、いろいろと対策を考えてみる――仮にその恋愛が悲しい結末になったとしても、前頭葉は嬉々として展開が読めない状況対応に臨んでいるのです。

前頭葉の敵「ルーティン」が老化を加速させる。

心がときめいてワクワクするような昂揚感は、何歳になっても前頭葉に必要です。これはルーティン化した日常を繰り返すだけでは得られません。それを何に見出すのか。人生100年時代の課題として、一人ひとりに考えてほしいと思います。

●欲望に正直に生きる——中高年の前頭葉を守る②

前項で恋愛を例に挙げましたが、わたしは「前頭葉のために、どんな状況であろうと、無理やりにでも恋愛をしろ」とまでは言うつもりはありません。恋愛はもちろん前頭葉には非常にいい刺激になりますが、あくまでも各々の理性で判断してほしいと思います。別に恋愛行為だけにとらわれずとも、前頭葉が嫌うルーティンにはまらずに、前頭葉を活性化させるものは、いくらでもあるからです。

ここで**大切なのは、自分の欲望にもっと正直になるということ**です。なぜなら**欲望こそが生きる原動力だからです。欲望があるから、人間は自発性や向上心をもつことができる。**自発性や向上心があるから、行動に移すことができる。だからこそ、何歳になっても欲望を封印してはいけないのです。

古来からの老境の理想像のひとつに、「枯淡《こたん》」という言葉に象徴されるような生き方があります。若い頃のようなギラギラとした情熱を前面に出して生きるのではなく、欲を捨て俗離れした人間として、ひっそり静かに時を過ごす。じつはこのような生き方は、脳科学や精神医学の見地からは、あまりお勧めできるものではありません。

欲望と言うと、性欲や出世欲、金銭欲など、生々しいイメージを抱く人も多いかもしれません。しかし、それらも含め、**欲望とは生きること全般にかかわるエネルギー源**と捉えていただければと思います。

40代以降、前頭葉が萎縮し始め機能が落ち、さらにテストステロンの分泌量も減少し、意欲が減退していくのは、ある意味自然の摂理です。意欲が減退すれば、好奇心も湧かず、執着心ももたなくなりがちです。しかし、だからといって、何ごとに対しても「もうどうせ年だから」と、自分の欲望を無視したり抑圧したりしてやり過ごしていると、前頭葉の機能低下は加速します。

前頭葉のはたらきと体力を並べて考えてみましょう。体力は身体を動かさなくなると著しく低下します。若い年代ならば、何らかのケガをして、受傷後数カ月間、運動ができなかったとしても、ケガの回復後再び身体活動量を増やしていくと、比較的リカバリーしやすいという特徴があります。しかし、高齢になればなるほど、以前と同レベルの体力を再び取り戻すことは難しくなっていきます。

前頭葉もこれと同じことが言えます。使わなければ機能は低下し、いったん感情が老化してしまうと、これを回復することは非常に困難です。しかも、ただでさえ使わないことと同時並行で加齢による機能低下も進みますから、ことは深刻です。

自分の欲望に正直に前頭葉を使い続ける。

欲望を封印し、刺激も楽しみもない生活が身についてしまうと、前頭葉の機能を回復することは期待できません。まずは自分の生きる原動力である欲を素直に見つめてみることから始めてみましょう。「自分はこうしたい」「自分はこうなりたい」という内なる声を大切にしましょう。

◉思考・感情の切り替えスイッチを鍛える ――中高年の前頭葉を守る③

前頭葉の萎縮が極度に進んでしまったり、病気やケガなどで損傷を受けたりした場合、「保続」という現象が現れます。

たとえば、前頭葉に損傷を受けた患者さんにエンピツを見せて、それは何かを答えてもらいます。「エンピツ」と正しく答えられた患者さんに、今度はもの差しを見せて答えてもらいます。すると、もの差しとは答えられず、「エンピツ」とまた答えてしまう。これが保続の症状です。あるいは、3桁同士の足し算を出題します。これに正しく答えられた患者さんに、別の3桁同士の足し算問題を出すと、最初の問題の答えを書いてしまう。これも保続です。いったい何が起きているのでしょうか？

前頭葉が障害された場合でも、形態認知や計算力は前頭葉以外の領域が担当しているので、そちらが正常ならば、ものを認識したり計算したりすることはできます。しかし、前頭葉が障害されているため、思考機能に問題が生じ、場面や状況が切り替わっているのに、切り替わる前にした自分の反応を繰り返してしまうのです。

ここまで極端な保続は、脳の病気や外傷が原因で生じますが、わたしたちの加齢脳でも類似した現象は現れます。思考と感情の切り替えスイッチが正しくはたらかない。いつまでも以前の思考や感情を引きずっている。発想の転換や視点の転換ができず、思考の柔軟性がない。こんな人は少しも珍しくありませんが、これは明らかに前頭葉の老化が影響しているのです。

あるいは、テレビドラマを見ていて、現在の話の途中で回想シーンなどが挿入されると、ストーリーを正しく理解することができない。うつ状態になったときに、悲観的な感情をいつまでも引きずって、そこから抜け出すことができない。これらも前頭葉の切り替えスイッチ機能の低下と密接な関係があります。

こうした保続に似た状態が始まると、次第に思考も感情も凝り固まって、ひとつの基準、ひとつの答えに固執するようになります。まわりから偏屈と言われても仕方がない状態です。では、こうならないためには、どのような心がけが必要でしょうか。

まず、自分を冷静に観察することが必要でしょう。「同じ考え、同じ感情を引きずりすぎていないか？」「同じ思考パターンを繰り返していないか？」「言うことがしつこくてくどくないか？」「これは正しい、これは間違いと決めつけていないか？」など、折に触れ、チェックしてみるといいでしょう。

また、**加齢とともに思考や感情がワンパターン化しがちですから、むしろ積極的に新しいものごとに触れ、楽しい刺激を受ける機会を設ける**ようにしてください。**多彩な状況を前頭葉に体験させることが、機能の維持・向上には不可欠**です。

思考・感情の切り替えスイッチをつねにオンにしておく。

前頭葉の切り替えスイッチは、オフ状態にして使わないままでいると、次第に固まって動かなくなります。何を見ても楽しいと思えないとか、何を聞いても「そんなこと知っている」が口グセになっている人は、すでに切り替えスイッチが固まってしまっているのかもしれません。

◉試行力全開の生き方を目指す――中高年の前頭葉を守る④

前頭葉が思考・感情の切り替えスイッチをさかんにはたらかせるのは、どういう生き方でしょうか。次はこの点について考えてみたいと思います。

まずひとつめには、**複数の楽しみを同時並行的に展開する生き方**を挙げましょう。これは理解しやすいと思いますが、毎日、職場と自宅の往復だけだった現役時代、そして、自宅と近場での買い物や散歩だけの定年後の暮らし。これでは、なかなか切り替えスイッチをはたらかせる機会は見当たりません。また、会話するのも家族やペットだけという状況も、前頭葉には退屈すぎます。ですから、少しずつ自分の楽しめる趣味や場所を増やし、交友関係も幅広い年代層にまで広げていく。こうした生き方の実践は、自然と場面場面に応じて、思考や感情を切り替えるトレーニングになります。考え方にしても趣味にしても交友関係にしても、ひとつだけとか、いつも同じメンバーだけと言ったように限定してしまうのは、あまり好ましくありません。

もうひとつは、興味や関心に応じて、「試行力《しこうりょく》」を発揮する生き方を心がけるということです。ただでさえ意欲減退気味で、何をするのも億劫になりがちですが、そんな状態に身を任せていては、前頭葉が老化するだけです。

頭のなかだけでシミュレーションして、どうせこんな結果だろうと片づけてしまうのではなく、自分の体を動かして、まずは何でも試してみる。これをわたしは思考力ではなく、「試行力」と呼んでいるのですが、とても刺激に満ちた行為です。

何でもそうですが、わかったつもり、知ってるつもりになるのが、もっとも愚かなことだとわたしは思います。

先ほども触れましたが、予想と現実のギャップが大きいほど前頭葉への刺激になるのです。ですから、予想の世界だけに生きるのではなく、ぜひ現実の世界で動いて試してほしい。

世の中には、自分の予想どおりにいかないと不愉快に感じるタイプもいます。しかし、むしろ自分の予想と大きく違う現実に出合ったときほど、ワクワクすることはないのではないでしょうか。試行の結果が必ずしも成功するとは限らないわけですが、失敗したら失敗したで、次のことを発展的に考えるチャンスと捉えれば、これもまた楽しいことだと思います。

体を動かさず座ったままで、安易に日々を充実させることはできません。本人はそれを快適だと思うのかもしれませんが、ひと言で言えば、前頭葉にいやがらせをするような生き方にほかなりません。この手のタイプが、やがて人生を倦むようになるのは目に見えています。

前頭葉を喜ばせるために試行力全開で生きる。

動いて試すことが習慣になってしまえば、頭の老化もさほど怖くはなくなります。

前頭葉が若い↓興味・関心・好奇心が旺盛↓気軽に行動↓新たな刺激で前頭葉の機能がさらに向上。

このような好循環を実現しましょう。

◉思考の柔軟性を高めて感情をコントロール―感情の老化を防ぐ①

終生メンタルヘルスを良好に保つことは、人生１００年時代には重要なテーマになってきます。とくに感情の老化や劣化については、これを十分に理解し、みなさんの生き方に役立ててほしいと思います。

まず取り上げるのは、感情のコントロールとキレやすさの問題です。ネットニュースなどを見ていると、「シルバーモンスター」という語にしばしば遭遇します。銀色怪物。何ともすさまじい形容ですが、言い得て妙と納得する人も多いでしょう。このシルバーモンスターは、キレまくり暴走型の高齢者を指しますが、周囲に恐怖心すら抱かせるのは、どうも女性より男性高齢者のほうが多い気がします。

飲食店や銀行、病院などで、スタッフに食ってかかっている老人を目にしたことは、みなさんもあるでしょう。居酒屋などでお酒が入った状態なら、酔いと怒りの相乗効果ということも考えられますから、傍迷惑で不愉快でも「しょうがないな」と思えます。しかし、近頃は素面の場面で大変なことになっているのです。

こうしたモンスターに共通するのは、ほんの些細なことがきっかけで、いきなり感情が爆発してしまうこと。そしていったん火がついてしまったら人の話など耳に入らず、いくらなだめても無駄ということです。

騒ぎに巻き込まれた人は、モンスター老人がいったい何を求めているのか、どんな結論を望んでいるのかさえ、理解できないというのが正直なところでしょう。この先この国ではますます高齢者が増えていきますが、こんなモンスターが右肩上がりで増えていくとしたら、少し重い気分になります。

精神科医の立場からモンスターを観察すると、女性に比べ男性のほうがスキーマにとらわれやすく、「自分のもっているスキーマから、少しでもはずれることが許せない」と感じやすい傾向が影響していると考えられます。

スキーマどおりにものごとが運ばないと不快になるということは、前頭葉のはたらきが低下して、本来、前頭葉が得意とする予想外の状況への対応ができなくなっている証拠です。「これはこうあるべきだ。自分は絶対に正しい」という考えを押しつけ、それを相手が認めないと気が収まらないのです。

人間というものは、認知的成熟度を維持している間は、シルバーモンスター的な感情爆発はあまりしないものです。たとえば職場を見回しても、30代40代でモンスター化している人はまずいないでしょう。前頭葉がきちんと機能し、理性が適切にはたらいて、感情のコントロールが十分にできるからです。

しかし、年齢が上がり、前頭葉が萎縮するにつれ、感情のコントロールは利きづらくなっていきます。「自分はまだそんな年じゃない」とか、「自分はあんなモンスター老人になるはずがない」とこの時点で思っている人も注意が必要です。現シルバーモンスターたちも、中年の頃は、「あんな年寄りはいやだ」と思っていたはずだからです。

モンスターほどの爆発はしないまでも、**人の行動についてイラついたり、我慢がしづらくなっていることが増えてきているとしたら、「中高年の前頭葉を守る①～④」を参考に、前頭葉が喜ぶ刺激ある生活で、思考の柔軟性をアップさせるよう心がけてく**ださい。前頭葉対策は、感情の老化・劣化が始まる前から取り組まないと効果が半減します。

思考の柔軟性の欠如が未来のモンスターを生む。

わたしは若い頃はわりと感情的になったりすることが多かったのですが、不思議なもので、思考の柔軟性を意識するようになったいまは、だいぶ心穏やかに楽しく生きることができています。おそらくその場その場の状況に対応しながら、ものごとのいろいろな可能性を考えられるようになったからだと思います。

◉EQについて考える――感情の老化を防ぐ②

EQという言葉はみなさんもよくご存じでしょう。日本では1996年に出版されたダニエル・ゴールマンの著作で一気に知られることとなりました。もともとは、1980年代から研究を続けていた、イェール大学のピーター・サロヴェイとニューハンプシャー大学のジョン・メイヤーによって提唱された、対人関係や感情に関する情動的知能の概念を言います。これは次の5項目に整理することができます。

①自分の感情を正確に知る
②自分の感情をコントロールできる
③楽観的にものごとを考える。自分を動機づける
④相手の感情を知る
⑤社交能力

※ＥＱは前頭葉の担当。40歳くらいを境に、徐々に低下する

この主要5項目に挙げられた要素は、いずれも前頭葉の若さと大いに関連しそうだということに、すでに気づかれたことでしょう。自分の感情の把握とコントロール。どんな状況でも悲観的にならずにものごとを捉え、意欲的に取り組める思考回路。他者との交流と他者に対する共感能力。たしかに、いずれも前頭葉の担当領域です。ところが、前頭葉と深くかかわるだけあって、この知能は40歳を過ぎる頃から低下していきます。

わたしたちは一般に知能指数と呼ばれるＩＱのほうこそ、加齢とともに低下していくと考えがちです。しかし、実際にはＩＱは40歳を過ぎてもあまり変動がないのに対し、むしろ低下の問題が指摘されるのがＥＱなのです。

40歳というと、社会的にはある程度の責任と裁量権をもつと同時に、中間管理職として若手の上に立つという立場に置かれる人が増える頃です。

仕事や職場にも慣れ、それなりの発言権もあることでしょう。こういう状況に置かれると、人は次第に謙虚さを失い、それまでは理性でコントロールしていた感情のタガがはずれたかのように、噴出してしまうことも起こりがちです。とくに自分に対して対抗できないような立場の弱い人に対しては、その頻度が高くなります。

これがひどくなれば、職場におけるパワーハラスメントとして糾弾されることになります。当然それは許されるべきことではありません。

しかし一方で、そうした年代特有の背景として、前頭葉の萎縮など機能低下が始まっていることを、まず本人が理解すべきです。そのうえで、自分の感情状態を知り、相手に対する共感的態度を意識することができれば、この国に渦巻くパワハラ問題も少しは改善の方向に向くのではないか。そんなふうに思います。

中年期でさえすでにそのような状況に陥りがちなのですから、人生後半戦においては、ＥＱ５項目をしっかりと胸に刻んで歩んでほしいと思います。

自分の感情も他人の感情も、的確に把握し大切にする。

これは人間社会を生きていくうえでの鉄則です。前頭葉が加齢の影響を受けるとしても、本人の意識次第でずいぶんと差が出ることは間違いありません。

●落ち込んでも自分を責めない――感情の老化を防ぐ③

男性の場合、40歳を過ぎて前頭葉が萎縮し始めると、思考・感情の切り替えスイッチのはたらきが悪くなることは先に述べたとおりです。

ですから、気が晴れずにふさぎ込んだり、落ち込み始めたりしても、感情の切り替えができずに、ネガティブな感情をいつまでも引きずりやすくなります。

「自分はダメだ」「人生がうまくいかない」といった気分に襲われると、ものごとを前向きに捉えることができなくなり、さらに気分が落ち込んでいくという悪循環が続いてしまいます。やる気や意欲も当然湧いてきません。言わば思考や認知が悪感情に支配されてしまった状態です。

また、不安が強いときは、集中力も十分発揮できなくなってしまいます。中年期になると、多くの人は「自分は集中力が続かなくなった」とよくこぼしますが、実際のところ、本格的に集中力が低下するのは、もっと年齢が上がってからです。ですから、老化現象というより、精神面のコンディションの良し悪しが、大きく影響していると考えるべきでしょう。

このような落ち込み気分の悪循環の最中にいるときは、自分を責める気持ちが強くなっているので、あえてあれこれ振り返って反省はしないという対応が必要です。悲観的な思考で自分を厳しく評価しても、悪循環は断ち切れないからです。

むしろ、気分が落ち込み始めたなと感じたら、行動で気分を切り替えるなど、自分なりの工夫をしてみるほうが効果的です。ふだんは使わないような少し値段の高い飲食店で贅沢をしてみるとか、以前から気になっていた場所に行ってみるとか、違う空間に身を置くことで、切り替えスイッチが入りやすくなります。

また、中年期には神経伝達物質のセロトニンが減少し、これも気分の落ち込みなどに影響を与えます。セロトニンは血小板や小腸粘膜などにも存在しますが、脳神経系に存在するセロトニンは、精神を安定させる作用があるため、これが減少するとうつや不眠症などになりやすくなるのです。

セロトニン減少の悪影響を少しでも減らすには、セロトニンの原料であるトリプトファン（必須アミノ酸）を多く含む肉類をきちんととることが大切です。血圧や糖尿、肥満を気にして肉を控えようと考える中高年は多いですが、精神の安定につながる重要な食材です。また、コレステロールが高いのではと言って肉類を敬遠する人もいますが、コレステロールも男性ホルモンの合成をはじめ、身体を維持するための材料として不可欠です。さらに日光に当たることで、セロトニンが増えることが知られています。

なお、気分の落ち込みが２週間以上も続くときには、うつ病の可能性も否定できませんので、医療機関で受診するようにしてください。症状がひどくならないうちに、早めに対応すれば、調子を取り戻しやすくなります。

若い人のうつと違って、中高年以降のうつは脳内のセロトニン不足が原因であることが多いので、薬でそれを補ってあげると改善することが多いのです。

「気分は落ち込んでいるけど、まだたいしたことはない」と言って、受診を先延ばしにしがちですが、本当に症状が悪化してしまうと、病院に行こうという気持ちにさえならなくなってしまうので、ここは注意してください。

気分が落ち込んだときは自分を厳しく責め立てない。

完璧主義や真面目一徹タイプの人は、なかなか自分に優しくはできないものです。

しかし、**落ち込んだときは、自分をいたわるつもりで、いつもとはちょっと違う経験をしてみる。この心がけだけでも、ずいぶんと違うはず**です。

◉本音をさらけ出せる友をもつ――感情の老化を防ぐ④

メンタルヘルスを良好に保つためには、自分の不安や悩みを親身になって聞いてくれる存在が不可欠です。

男性は悩みを抱えていたり、不安な状況に直面していても、それを他人になかなか打ち明けないという傾向が強く見られます。自分ひとりですべてを抱え込み、限界ぎりぎりまで耐えることがクセになっているのでしょう。

１９７０年代初頭ですからもう50年近く前になりますが、大手ビール会社が「男は黙って○△ビール」というCMを流していたのを覚えているでしょうか。当時は、とても昭和的な発想で男性を捉えているものだと思っていましたが、じつは昭和が遠くなった現在でも、「ひとり抱え込み状態」で押し黙っている男性は、意外に多いものです。

不安や悩みというものは、自力で解決しようとして抱え込んでいると、かえって心のなかでふくらんで、いっそう不安感を駆り立ててしまうという特徴があります。これでは、不安や悩みからの脱出口は、そう簡単には見つかりません。

「こうあるべき。なのにできない自分」に失望しているときに必要なのは、正直に自分をさらけ出せる相手です。

ひとりで「もうダメだ、行き止まり状態だ」と悶々と思い込んで解決策が見つからなかったようなことについても、「結構みんなそうみたいだよ」とか、「こうしたら少しは状況がよくなるんじゃないか」など、さまざまなアドバイスをくれるはずです。「じつは自分も同じようなことで悩んだことがあったんだよ」と共感的態度を示してくれることもあるでしょう。

また、**誰かに話すことで、あらためて自分の不安や悩みを客観視できるようにもなり、これが状況を好転させるきっかけになる**こともあります。

「自分ひとりでは対処できないようなときは人に聞く」。第2章で示したらくらく学習のコツでした。これは、不安や悩みについても同じこと。他者の視点から解決法が見えてくることは少なくありません。

自分が弱っているときには、人に聞いてもらえばいいし、頼ってもいいのです。それができるのが友だちです。

思考や発想のみならず、不安や悩みもアウトプット。

前頭葉が萎縮し始めている中高年はまず、「男は他人に自分の弱みをさらけ出してはいけない」という思考パターンを変えることから始めましょう。そうすることで、真の友だちに出会う確率も高くなっていくはずです。

「学生時代は仲間がたくさんいて楽しかったなぁ」と懐古的に生きるのではなく、生涯にわたって人との出会いに心弾ませながら、「いまがいちばん楽しいな」と思える豊かな人生を歩んでほしいと思います。

以上、わたしの考える「60歳からのらくらく学習」をあれこれと提示してきました。

これは学び方の本というより、生き方の本ではないかと思われたかもしれませんが、まさにそのとおりなのです。

アドラーはライフスタイル（世間一般で使われる意味とはちょっと違いますが）を変えることで、死ぬ直前まで性格を変えることができると語りました。本を読んで、そこに**書かれた知識をひたすら注入するより、生き方を変えるほうがはるかに頭がよくなる**人が大勢います。**とくにこれまで十分知識を注入してきたり、人生体験を積んできた人はそう**です。

逆に、日本人は一度頭がよくなったら悪くならないように思っている人が多い（だから、何十年か前の知能を示す学歴で人物を判断する人が多い）ようですが、実際には、老化だけでなくいろいろと頭を悪くする要因が、本書で述べてきたようにたくさんあります。

頭をよくするだけが学びの目的でなく、頭が悪くならないために学ぶなら、知識を詰め込むより、生き方を変えたほうがよほど結果がいいはずです。

本書を通じて、昨日より今日、今日より明日が、頭がよくなり、メンタルヘルスもよくなり、さらに人生に楽しみが感じられるようになったとすれば、あるいは、そのヒントを得たとすれば、著者として幸甚このうえありません。

本書は２０１８年に小社より刊行された『60歳からの勉強法』を改題し、再編集したものです。

著者略歴

和田秀樹（わだ・ひでき）

1960年、大阪府生まれ。東京大学医学部卒業。精神科医。東京大学医学部附属病院精神神経科助手、米国カール・メニンガー精神医学校国際フェロー、高齢者専門の総合病院である浴風会病院の精神科を経て、現在、和田秀樹こころと体のクリニック院長。高齢者専門の精神科医として、30年以上にわたり高齢者医療の現場に携わっている。
主な著書に、『80歳の壁』（幻冬舎新書）、『70歳が老化の分かれ道』（詩想社新書）、『どうせ死ぬんだから』『みんなボケるんだから』（SBクリエイティブ）などがある。

60歳《さい》からは勉強《べんきょう》するのをやめなさい

だって賢《かしこ》くならないんだから

2024年7月11日　初版第1刷発行

著　　者　和《わ》田《だ》秀《ひで》樹《き》
発 行 者　出井貴完
発 行 所　SBクリエイティブ株式会社
　　　　　〒105-0001　東京都港区虎ノ門2-2-1
装　　丁　井上新八
本文デザイン・DTP　株式会社キャップス
校　　正　株式会社鷗来堂
編集協力　関口和美
編集担当　美野晴代
印刷・製本　株式会社シナノパブリッシングプレス

本書をお読みになったご意見・ご感想を
下記URL、または左記QRコードよりお寄せください。

https://isbn2.sbcr.jp/25306/

ISBN 978-4-8156-2530-6